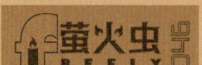

THE GREATEST WOMEN
影响世界的著名女性

[英]汉娜·韦斯特莱克 编著

侯雅楠 尹翎鸥 译

中国画报出版社·北京

图书在版编目（CIP）数据

影响世界的著名女性 /（英）汉娜·韦斯特莱克编著；
侯雅楠，尹翎鸥译. -- 北京：中国画报出版社，2023.4
（萤火虫书系）
书名原文: Greatest Women In History
ISBN 978-7-5146-2175-4

Ⅰ.①影… Ⅱ.①汉…②侯…③尹… Ⅲ.①女性—名人—生平事迹—世界 Ⅳ.①K818.5

中国国家版本馆CIP数据核字(2023)第017457号

Articles in this issue are translated or reproduced from All About History: History's Greatest Women, Sixth Edition, and are the copyright of or licensed to Future Publishing Limited, a Future plc group company, UK 2021. Used under licence. All rights reserved. All About History is the trademark of or licensed to Future Publishing Limited. Used under licence.

FUTURE

北京市版权局著作权合同登记号：01-2022-5614

影响世界的著名女性

[英] 汉娜·韦斯特莱克 编著　侯雅楠　尹翎鸥　译

出 版 人：方允仲
审　　校：崔学森
责任编辑：李聚慧
内文排版：郭廷欢
责任印制：焦　洋

出版发行：中国画报出版社
地　　址：中国北京市海淀区车公庄西路33号　邮　编：100048
发 行 部：010-88417360　010-68414683（传真）
总编室兼传真：010-88417359　版权部：010-88417359

开　　本：16开（787mm×1092mm）
印　　张：13.75
字　　数：320千字
版　　次：2023年4月第1版　2023年4月第1次印刷
印　　刷：北京汇瑞嘉合文化发展有限公司
书　　号：ISBN 978-7-5146-2175-4
定　　价：78.00元

影响世界的著名女性

　　她们是女性的杰出代表。她们身处的时代各异，国别不同；她们披荆斩棘，开拓进取。她们在科学、物理、艺术、诗歌和政治等不同领域，取得了卓越成就。这些领域，或原本不允许女人涉足，或是男人的天下，有的甚至对于大众来讲都闻所未闻。本书旨在纪念那些励志奋进的女性，她们才华横溢，敢为天下先，在各自领域取得了非凡成就。那些女政治家，或坚持地下革命，或秉承坚定信念；那些女科学家，或天赋异禀，或辛勤耕耘；那些女艺术家，或大胆创新，或风格独特；那些女王和王后，或所向披靡，或开创盛世。克莱奥帕特拉、玛丽·沃斯通克拉夫特、弗洛伦斯·南丁格尔、哈丽特·塔布曼、弗里达·卡洛和露丝·巴德·金斯伯格……本书将带领您，走进她们的世界，感受她们的生活。

目 录

艺术与文化

- 8　玛丽·沃斯通克拉夫特
- 12　简·奥斯汀及摄政时期的文学先驱
- 18　格特鲁德·斯泰因
- 23　弗里达·卡洛
- 30　贝蒂·弗里丹
- 34　玛雅·安杰卢
- 38　安妮·弗兰克
- 42　艺术界的著名女性

科学与创新

- 46　玛丽·安宁
- 50　阿达·洛夫莱斯
- 56　弗洛伦斯·南丁格尔
- 69　玛丽·居里
- 76　罗莎琳德·富兰克林
- 80　简·古多尔
- 84　美国国家航空航天局被遗忘的天才们
- 94　科学界的著名女性

皇权与统治

- 98　克莱奥帕特拉七世
- 109　芝诺比娅
- 115　阿基坦的埃莉诺
- 127　伊丽莎白一世
- 147　叶卡捷琳娜二世
- 158　伊丽莎白二世
- 168　皇室的著名女性

政治与变革

- 172　哈丽特·塔布曼
- 176　米莉森特·福西特
- 181　埃米琳·潘克赫斯特
- 186　埃莉诺·罗斯福
- 197　罗莎·帕克斯
- 202　露丝·巴德·金斯伯格
- 218　政界的著名女性

艺术与文化

- 8 玛丽·沃斯通克拉夫特
- 12 简·奥斯汀及摄政时期的文学先驱
- 18 格特鲁德·斯泰因
- 23 弗里达·卡洛
- 30 贝蒂·弗里丹
- 34 玛雅·安杰卢
- 38 安妮·弗兰克
- 42 艺术界的著名女性

1759—1797

玛丽·沃斯通克拉夫特

100多年后，通过她丈夫的回忆录，
玛丽·沃斯通克拉夫特才得到公众的认可

公众视野中的玛丽·沃斯通克拉夫特（Mary Wollstonecraft）离经叛道，颠覆传统。她去世后，丈夫以多种方式纪念她，才让这位杰出的女性得到大众的认可。虽然她做过很多开创性的工作，但真正为人津津乐道的还是她的那些风流韵事。她在去世100多年后，才被视为女权主义哲学家的鼻祖之一，并与她的女儿玛丽·雪莱并驾齐驱，跻身于女性文学的殿堂。

《女教论》开启了玛丽·沃斯通克拉夫特的文学生涯，而《人权辩护》和《女权辩护：关于政治和道德问题的批评》这两部书令她声名鹊起。《人权辩护》于1790年出版，清晰地表明了她对法国大革命的推崇。她在书中极力反对君主制，呼吁建立共和国。当时，埃德蒙·伯克对法国大革命深感恐慌，写下《对法国大革命的反思》，拥护君主专制的世袭权，他将女性描绘成男性主导的世界中被动的容器。伯克的保守、反动令玛丽大为不满，因此她很快写出《人权辩护》坚决予以回击。

随后她又写了《女权辩护：关于政治和道德

玛丽·沃斯通克拉夫特的"辩护"系列作品

尽管玛丽·沃斯通克拉夫特创作过很多作品,如小说、信件等,甚至还写过一本儿童读物,但《女权辩护:关于政治和道德问题的批评》这本书影响最为深远,使她在21世纪得到了应有的赞誉。她写这本书是为了回应查尔斯·莫里斯·德·塔莱兰德·佩里戈德的主张,即女性不需要家庭以外的教育。她把这本书献给了他,认为女性应该受到教育,这样她们才能对社会做出应有的贡献。20世纪初,玛丽·沃斯通克拉夫特的"辩护"系列作品成为女权主义者的斗争口号。

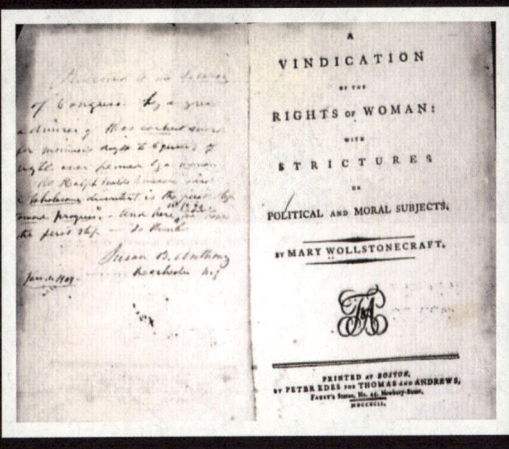

▲《女权辩护:关于政治和道德问题的批评》这本书令玛丽·沃斯通克拉夫特声名鹊起

问题的批评》,这本书后来被公认为启蒙运动时期最重要的作品之一。《女权辩护:关于政治和道德问题的批评》是最早的女权主义作品之一,呼吁女性应该接受全面教育,而不是做受过教育的丈夫的装饰品。她倡导女性要认识到自己的能力,并反对社会将女性硬性归为某一类,譬如只配做丈夫的花瓶等。她劝说女性,要认识到,凭借自己的能力可以获得认可,而不必以美貌取悦他人。

《女权辩护:关于政治和道德问题的批评》于1792年一经出版,便大获成功,但作者沃斯通克拉夫特却没有得到应有的认可。1797年沃斯通克拉夫特去世后,她的丈夫威廉·葛德文出版了《〈女权辩护〉作者传》,详细描述了她跌宕起伏的爱情生活,以及她曾经企图自杀的一些细节。他的本意是要纪念自己所爱的女人,维护她的名誉。这本书的确引起了轰动,但结果并非如葛德文所希望的那样。读者认为玛丽·沃斯通克拉夫特道德沦丧,令女性蒙羞。几十年来,学者们都尽量与她的作品保持距离,唯恐自己像沃

▲ 这幅肖像出自约翰·奥皮之手

▲ 这是沃斯通克拉夫特所著的唯一一本儿童读物，选用威廉·布莱克的版画做插图

尔斯通克拉夫特那样遭到辱骂。

100多年来，玛丽·沃斯通克拉夫特都是声名狼藉。但到了20世纪初，情况出现反转，她得到弗吉尼亚·伍尔夫等先锋人物的支持。20世纪60年代，女权主义理论崛起，沃斯通克拉夫特的作品被公认极具开创性。她被誉为争取妇女权利的先驱者，是其所在时代最重要的思想家之一。时至今日，玛丽·沃斯通克拉夫特这个名字一直影响着全世界的学者。每当提到女性在各个领域为争取平等而斗争时，人们总会想到她。

大事年表

1784年
沃斯通克拉夫特和朋友范妮·布拉德开办了一所学校。第二年布拉德去世，学校关停。

1789年
沃斯通克拉夫特出版了《女性读者》，一本旨在提高年轻女性地位的文集。她使用男性笔名克雷西克。

1790年
沃斯通克拉夫特写了《人权辩护》，对伯克的观点予以回击，这令她成为公众的焦点。

1792年
《女权辩护：关于政治和道德问题的批评》出版，广受欢迎。这本书令一些男性读者感到震惊。

1797年
玛丽·沃斯通克拉夫特在其女儿玛丽出生几天后，因创伤性感染去世。这个女孩就是后来大名鼎鼎的玛丽·雪莱。

关于沃斯通克拉夫特的五件事

1 不情愿的家庭教师
沃斯通克拉夫特曾经做过家庭教师，但时间不长，她也不喜欢这份工作。她在其唯一的儿童作品《来自真实生活的原创故事》中讲述了这段经历。

2 对革命的独特见解
沃斯通克拉夫特为法国大革命感到自豪，认为它标志着民主历史新篇章的开始，君主制将被推翻。

3 颇受争议的作品
虽然《女权辩护：关于政治和道德问题的批评》一经出版就颇具争议，但实际上这本书广受好评。

4 其他文学作品
沃斯通克拉夫特不仅是一位小说家，同时也写过许多信件，详细地描述了她的旅行，发表了独特的见解。这些信件之后被整理收录在《瑞典、挪威和丹麦短居书简》里。

5 善意的鳏夫
威廉·葛德文为已故的妻子写了一本传记，希望以此来纪念她。但事与愿违，书中描述了她反传统的生活方式，这令她声名狼藉。

1798年
沃斯通克拉夫特去世后，丈夫威廉·葛德文出版了《〈女权辩护〉作者传》，无意中毁掉了她的声誉。

1884年
沃斯通克拉夫特的第一部完整传记由伊丽莎白·罗宾斯·彭内尔撰写。这标志着她逐渐受到评论界的重视，重新引起了学者的研究兴趣。

2004年
纪念玛丽·沃斯通克拉夫特的蓝色匾额在南华克多尔本街45号揭幕。1788年至1791年，她曾经在这里居住。

2010年
"绿色玛丽"活动得到广泛支持。该活动旨在筹集资金，为沃斯通克拉夫特建立一座纪念雕像。

2018年
"绿色玛丽"活动筹集到了足够的资金，请雕塑家玛吉·汉布林设计了雕像。

1775—1817

简·奥斯汀及摄政时期的文学先驱

摄政时期的女作家在艺术、文化和政治等领域具有开拓性贡献

尽管简·奥斯汀已经离开我们200多年了，但她一直以来都被认为是英国摄政时期文学的代表性人物。简·奥斯汀是文学领域的传奇，古往今来，无数读者都希望在她的作品中寻求一点小快乐和小浪漫，当然还有那些怼人的金句。她描述上流社会的喜剧冲破世俗、颠覆传统，演绎狂野又浪漫的爱情故事。在她的笔下，民兵可以与富有的女继承者私奔，丑陋凶恶的女人可以攀上钻石王老五，如此种种，令人耳目一新。

奥斯汀的作品不是端庄小姐的客厅剧，而是一面镜子，反映了她所处阶级和时代的社会现实。奥斯汀一生都生活在封建势力强大的乡村，加之家境殷实，所以她的生活圈子很小。这使得她的作品往往局限于普通乡绅的女儿恋爱结婚的故事当中，婚姻往往是当时获得经济保障和社会尊重的一种手段。

在男人主宰世界的时代，奥斯汀可以称得上是一位杰出的女性。她努力让人们听到她的声音，但其成功之路却非一帆风顺。奥斯汀最著名的作品《傲慢与偏见》于1797年就已完成，但直到1813年才得以出版。因此奥斯汀并非一夜成名。毕竟，启蒙运动的影响也仅限于此了。

然而，她并不是一个人在战斗。在全世界，与她同样出色的女性都怀着被倾听的渴望，与传统社会做斗争。她们来自豪宅，来自棚屋，来自英国或欧洲其他地方。这一个个的声音在全球合唱中呐喊，不容忽视。下面介绍十位女性，她们笔下顽强独立的女主角一直活跃在读者心中。

玛丽·雪莱

1797年8月30日—1851年2月1日

玛丽·雪莱是一位多面手，不仅是一个科学怪人，还是一位作家、旅行家，等等

玛丽·雪莱拥有优越的家庭背景。她是女权主义者玛丽·沃斯通克拉夫特和无政府主义思想家威廉·葛德文的女儿。玛丽16岁时，与浪漫主义诗人珀西·比希·雪莱私奔，并与之结婚，从此开始了跌宕起伏的浪漫故事。

不久，玛丽怀孕了，但孩子于1815年2月早产夭折。她不顾世俗偏见和流言蜚语，执意要与珀西在一起。1816年，珀西的妻子哈丽特自杀去世后，他们正式结婚。

1816年，他们前往日内瓦，与拜伦勋爵及其朋友约翰·波里多里博士在迪奥达蒂别墅（Villa Diodati）避暑。拜伦建议大家每人写一个鬼故事，玛丽还做了一个梦，这激发了她写《弗兰肯斯坦》的灵感。这本书用时两年才完成。

同时，玛丽也在写欧洲游记。然而，引起轰动的是《弗兰肯斯坦》，它是一部哥特文学的杰作，也是科幻小说的先锋之作。不幸的是，饱受抑郁症折磨的玛丽无法真正享受到自己的成功。在丈夫去世30多年后，玛丽与世长辞。直到今天，玛丽依然是英国文坛传奇，她创作了文学史上第一部科幻小说《弗兰肯斯坦》，刻画了最著名的怪兽形象，被誉为科幻小说之母。

▲ 珀西去世后，玛丽努力写更多的书来养活自己和她唯一幸存的儿子珀西·弗洛伦斯

▲ 大约在1870年,索杰纳在美国内战期间为密歇根州的黑人军队收集食物和衣服

索杰纳·特鲁斯

约1797年—1883年11月26日

这个曾经的奴隶上法庭解救自己的孩子

索杰纳·特鲁斯逃离了奴隶制度,并创造了历史。一天,索杰纳得知她5岁的儿子彼得被她之前的主人卖了。在众人的帮助下,她将此事呈上法庭。数月后,索杰纳胜诉并要回了儿子,成为第一位合法挑战白人男子并获胜的黑人女性。索杰纳9岁时被人以100美元和一群羊的价格卖掉,后来她在纽约州作为奴隶被随意倒卖,生活一直很艰难。

索杰纳因其卓越的成就在废奴主义者中享有盛誉,同时她也是一位优秀的公众演讲者。无论她在哪里演讲,她都是个热门人物。她的演讲是关于奴隶制和选举权的,她以其激情洋溢的演讲《我不是女人》而闻名,该演讲在美国各地广为流传。

然而,索杰纳并不满足于仅仅发表演讲,多年来,她一直在为那些被囚禁为奴隶的人争取自由。尽管她的斗争没有成功,但她长期坚持,从未放弃。直到今天,全世界都在纪念她。

▲ 伊丽莎白向纽盖特监狱的妇女和儿童捐赠了食物和衣服,她还资助了那里的一所监狱学校

▲ 维多利亚女王继位后为伊丽莎白的事业捐款

伊丽莎白·弗赖

1780年5月21日—1845年10月12日

▲ 安娜被邀请参加1848年的法国大革命，但由于身体状况不佳，未能成行

▲ 12岁时，莎拉开始在周日下午给父母的奴隶们上《圣经》课

安娜·惠勒
1780年—1848年
安娜16岁时嫁了一个畜生丈夫。为了更好地维护妇女的权利，她开始信仰社会主义

安娜·惠勒十几岁就嫁给了一个酒鬼，她不甘心逆来顺受，决定颠覆传统。于是，她趁丈夫酩酊大醉之际，逃离爱尔兰老家前往英国。对于爱冒险的安娜来说，英国还不够远，所以她带着女儿们迁居，环游了法国。

在法国，安娜开始了新的生活。丈夫原本就是个穷光蛋，而她自己也身无分文。她渴望为女性自由而奋斗，渴望看到女性都能解放。因此，她与范妮·赖特和杰里米·边沁这样的改革家们聚在一起，孜孜不倦地为女性权利进行辩论。她擅长演讲和辩论，其直言不讳的风格在英国和法国都令人敬畏。

她一直致力于争取女孩受教育权和女性投票权，还曾经被邀请参加1848年法国大革命，但因健康状况不佳只好作罢。她的后代，有作家也有学者，都在继续着她的事业。

莎拉·穆尔·格里姆克
1792年11月26日—1873年12月23日
从十几岁开始，莎拉就学着勇敢地与奴隶做斗争

南卡罗来纳州有一个名叫莎拉的小女孩，她想知道为什么自己不能像哥哥一样去上学。她和哥哥都梦想成为一名律师，而她接受的教育却是怎样做一名贤惠的妻子。

但莎拉不满足于此。她私下里辅导家里的奴隶，教他们读书，当时这样做是违法的。哥哥在耶鲁大学读书，她留在家里自学律师的课程，完全不理会社会对女孩的偏见。

哥哥去世后，莎拉才知道他和一个奴隶生了3个孩子。于是莎拉对这些孩子视如己出，将他们抚养长大。她积极倡导废奴主义，但发现自己被贵格会的成员孤立，因为他们对这个固执己见的女人很反感。然而，莎拉没有放弃，她勤奋写作，四处演讲，大力支持废奴运动。

不久，她又开始为女权呐喊，质疑贵格会教徒，要求他们践行教义，允许女性做神职人员。在莎拉看来，生活中有主人和奴隶的不平等、男人和女人的不平等，所以她追求的终极目标是所有人的平等。

1874—1946

格特鲁德·斯泰因

格特鲁德是一位先锋派作家,支持发展现代艺术。
格特鲁德的作品反抗父权制,为女性争取话语权

格特鲁德出生于宾夕法尼亚州一个富裕的犹太家庭,她从童年开始就与众不同。尚在襁褓中的她就随家人在欧洲多地居住过,最后才在加利福尼亚定居下来。格特鲁德不喜欢学校的功课,把时间都花在阅读莎士比亚和华兹华斯的作品上。

格特鲁德的母亲和父亲于1888年和1891年相继去世,她只得被送到巴尔的摩与姑姑和叔叔住在一起。在那里,格特鲁德结识了"巴尔的摩姐妹"——克莱里贝尔·科恩和埃特·科恩。她们经常举办沙龙,格特鲁德晚年也举办过与之类似的沙龙。

格特鲁德天资聪颖,勤奋好学,在拉德克利夫学院攻读心理学学位,并取得优异的成绩。在著名心理学家威廉·詹姆斯教授的鼓励下,大学毕业后,格特鲁德很不情愿地转入约翰·霍普金斯医学院。但她对解剖学深感厌倦,成绩不甚理想,最终辍学,未能如期毕业。

离开医学院,格特鲁德开始寻求自己儿时曾经见过的文化颓废现象。她周游欧洲,最终与哥哥利奥在巴黎定居。在巴黎,格特鲁德重塑自我,远离美国社会令人窒息的压迫和僵化。

巴黎赋予了格特鲁德探索文学创作的自由,她把大学和医学院的经历写到了作品里。与此同时,利奥和格特鲁德凭借信托基金发了一笔横财,他们用这笔钱做艺术品收藏,主要收集当代先锋艺术家的作品。受"巴尔的摩姐妹"的影响,他们经常举办先锋派画展,也因此结交了不少巴黎文化艺术界人士。当时,斯泰因沙龙的邀请函是全巴黎最受欢迎的邀请函。

文字中的立体主义

一些当时最著名的前卫艺术家是斯泰因沙龙的常客。由于受到威廉·詹姆斯、柏格森及毕加索等绘画立体派思想的影响,她淡化甚至抛弃了文字的字面意义,用文字筑成一个立体的建筑,直指人物灵魂的深处。她通过新颖的语言表达方式和写作技巧来增强语言的表意功能,将绘画与语言有机融合,营造出一种似是而非、朦朦胧胧、亦真亦幻的独特氛围。

这种风格对于格特鲁德来说并非意味着成功。她的立体主义实验文字《软纽扣》,情节和对话都没有实际意义,不仅销量惨淡,而且遭到许多文学评论家的批评。然而,这种全新的立体主义写作理论却启发了同时代作家海明威和菲茨杰拉德。

▲ 格特鲁德的作品被认为是文学中的立体主义,就像毕加索的立体主义画作《弹曼陀铃的少女》一样

1914年，发生了两件大事，成为格特鲁德人生的重要转折点。第一，格特鲁德的哥哥离开巴黎去了意大利，他们平分了艺术收藏品。与此同时，格特鲁德的同性朋友爱丽丝·托克拉斯来到了巴黎。第二，国际上大范围爆发战争。第一次世界大战结束后，美国年轻侨民成了斯泰因沙龙的常客，他们被格特鲁德称为"迷惘的一代"。之所以这样称呼他们，是因为这些年轻人在亲历了战争的残酷后，失去了生活的目标。

格特鲁德开始尝试文学创作，相继发表了几部作品。她独树一帜的创作手法引起了文学界的兴趣。尽管如此，格特鲁德的名气也只限于文学界。1933年，她的回忆录《爱丽丝·B.托克拉斯自传》令她一夜成名，格特鲁德一下子成了红遍全球的名字。与她的探索性作品不同，她的回忆录是传统的叙事性作品。她认为，虽然这部作品获得了商业成功，但反而损害了她的声誉。

第二次世界大战爆发后，巴黎沦陷。格特鲁德继续住在纳粹占领下的法国。格特鲁德和爱丽丝一起迁到南方里昂附近的比利宁，在那里她们得到了朋友的保护，免受维希政府的政治株连。1946年，格特鲁德因胃癌逝世，她把大部分珍贵艺术收藏品都留给了爱丽丝。

▲ 菲利克斯·爱德华·瓦洛顿的作品《1907年的格特鲁德肖像》

大事年表

1892年
格特鲁德在波士顿的拉德克利夫学院学习心理学，师从威廉·詹姆斯。

1897年
完成学业后，格特鲁德进入了约翰·霍普金斯医学院。她对医学不感兴趣，于是辍学了。

1903年
在欧洲漂流了两年后，格特鲁德和哥哥定居在巴黎。他们住在弗莱鲁斯街27号，后来她经常在这里举办沙龙。

1904年至1914年
格特鲁德和哥哥利奥开始收藏艺术品。利奥于1914年搬去意大利，他们平分了艺术收藏品。

1909年
格特鲁德出版了她的第一本书《三个女人》。这本书虽然不是很畅销，但以其独特的风格在文学界备受关注。

关于格特鲁德的五件事

1 单相思
在约翰·霍普金斯医学院学习期间，格特鲁德迷上了玛丽·布克斯塔弗，但玛丽已经和梅布尔·海恩斯谈恋爱了。这段三角恋成为格特鲁德1903年小说《Q. E. D》的素材。

2 歌剧作家
格特鲁德与维珍·汤姆森合作，为几部歌剧撰写歌词，包括《三幕剧中四圣人》(Four Saints in Three Acts)。尽管评论家对此反应不一，但无可否认，她取得了巨大成功。

3 家庭分裂
利奥搬到意大利后，他和格特鲁德平分了他们共同收藏的艺术品。利奥保留了雷诺尔的作品，格特鲁德保留了毕加索的作品，而塞尚的作品后来下落不明。除了第一次世界大战后的一次偶然相遇，他们再也没有交往。

4 艺术的命运
格特鲁德去世后，她将自己的收藏品遗赠给爱丽丝·托克拉斯。可悲的是，格特鲁德的亲戚采取了法律手段向她索要收藏品。20年后，爱丽丝在穷困潦倒中离世。

5 教母
1923年，欧内斯特·海明威的长子杰克出生，邀请格特鲁德做杰克的教母。

1914年
《软纽扣》出版。此书的风格完全背离传统，但绝对令格特鲁德的同道中人着迷。

1914年至1918年
第一次世界大战爆发了。格特鲁德和她的伙伴爱丽斯·托克拉斯是支持法国军队的美国基金会的志愿者，为法国医院运送物资。

20世纪20年代
格特鲁德的沙龙经常招待被她称为"迷惘的一代"的年轻作家，比如欧内斯特·海明威。

1926年
格特鲁德应邀在牛津剑桥大学演讲。她前往英国探讨立体主义写作理论。

1933年
格特鲁德唯一的畅销书《爱丽丝·B.托克拉斯自传》出版了，她一夜成名。

1907—1954

弗里达·卡洛

她是一位墨西哥艺术家,一生都忍受着身体和情感上的痛苦,
她通过超现实主义画作来记录自己的生活

小弗里达的脸颊贴在冰凉的窗户上,渴望外面的世界。弗里达因小儿麻痹症卧床在家,身体太虚弱,无法出门。在孤独中,她发现自己渴望一个朋友。她对着窗玻璃呼气,但还是见不到任何朋友,只能自己想象。她举起纤弱的手指,在蒙着雾气的玻璃上画了一扇门,然后溜了进去。穿过一片田野,她来到培芝乳品店,穿过招牌上的"芝"字,爬进了地球的内部,微笑着与一个女孩面对面地站着。

在小弗里达虚构的世界里,那位想象中的朋友每天都在等她。这位想象中的朋友无限欢乐、生机勃勃,与她这个6岁病童截然相反。弗里达在房间里郁郁寡欢,而她的朋友却很开心;弗里达右腿不适,一瘸一拐地挣扎着,而她的朋友在跳舞。这个虚构的世界令弗里达感到无比幸福。

弗里达出生于1907年,父亲是吉列尔莫·卡洛,母亲是父亲的第二任妻子马蒂尔德。弗里达在4个姐妹中排行第三。弗里达的德国裔父亲是一名职业摄影师。1891年,他癫痫发作严重,与继母不和,于是移民墨西哥,中断了学业。弗里达在6岁时患上小儿麻痹症,在床上躺了几个月。因为父亲也得过重病,所以两人同病相怜,关系越来越亲密。弗里达康复后,父亲经常与她谈论自己对创造力的看法和对哲学的钟爱。小儿麻痹症的后遗症使她的右腿发育不良,骨瘦如柴。后来弗里达逐渐恢复体

> 在病床上,弗里达考虑将来要做一名医学绘图员。

▲《戴荆棘和蜂鸟项链的自画像》,1940年

▲《两个弗里达》，1939年

力，父亲鼓励她运动，以加强右腿的力量。

尽管开始接受教育的时间比同龄人晚，但到1922年，弗里达是35名被国家预备学校录取的女孩之一，这是一所由2000名学生组成的精英学院。该校校长声称，弗里达是"一群少年犯的头目，他们在学校里引起了轩然大波，因此他曾考虑辞职"。尽管弗里达可能很淘气，但她在学业上很成功，梦想成为一名医生。

在弗里达成长的关键时期，墨西哥陷入了一片混乱。虽然波菲里奥·迪亚兹总统已经80岁了，而且他曾发誓不参加1910年的选举，但实际上，他只是想趁机操纵选票，确保自己第8届连任。他性情鲁莽，侮辱了那些梦想墨西哥民主的人，引发了后来被称为墨西哥革命的事件。

1911年，他被赶下台，他的高压政权被彻底推翻。但迪亚兹的继任者并不成功，墨西哥政权在暴君、傀儡和无能政客之间摇摆不定。1917年，墨西哥宪法颁布实施，革命运动才逐渐平息。人民呼吁政府，将宪法中提到的改革付诸实施，而新当选的总统阿尔瓦罗·奥布雷贡似乎就是实现这些改革的人。奥布雷贡带动了墨西哥文化的复兴，鼓励了渗透到墨西哥社会各行各业的民族主义意识。他的改革使墨西哥农民感到稳定和安全，而他"左倾"的文化意识为志同道合的艺术家，如著名的壁画家迭戈·里维拉，提供了蓬勃发展的机会。即使在奥布雷贡遇刺后，他的继任者仍在继续开拓他对墨西哥的半社会主义愿景，当时的墨西哥迅速成为自由主义思想家的圣地。

▲《弗里达和迭戈》，1933年5月迭戈被解雇后，在他们纽约的家中

对于弗里达来说，这场蓬勃发展的文艺复兴运动是自己墨西哥身份的缩影。她认为自己是在革命中诞生的，甚至为此将出生年份往后延了3年，即墨西哥革命开始之年。

1925年9月17日，弗里达的生活彻底改变了。在她放学回家的路上，她乘坐的巴士撞上了一辆有轨电车，造成数人死亡，弗里达差点丧命。她的双脚被压碎，几根肋骨和锁骨折断了，三块脊椎脱臼。有轨电车的扶手也刺穿了弗里达的身体，从腹部进入，从腹股沟出来。她花了数月时间康复，先是住院，后来回家，就待在她小时候生病待的那间卧室里。她被迫放弃了上大学的机会，做医生的梦想在那一刻也被彻底粉碎。

弗里达躺在床上，想办法让自己的身心保持忙碌。事故发生前，弗里达的床上摆着一个定制的画架。康复期间，她画了所有她能画的东西，比如自画像、姐妹、朋友，甚至还为那令人窒息的身体模型和矫形紧身胸衣画上了装饰。

1927年，弗里达恢复得很好。尽管她终生都会受伤痛困扰，但很快，快乐的想法就使她忘却了烦恼。弗里达加入了墨西哥共产党，进而进入了一个由知识分子和创意人士组成的新的圈子。在那里她结识了迭戈·里维拉，他的爱国主义艺术使他在墨西哥革命后一举成名，荣耀加身。迭戈比弗里达大20岁，结过两次婚，可谓猎艳高手。但弗里达偏偏被他迷住了。这并不是弗里达第一次接触这位著名的壁画家。早在1922年，迭戈就去她的学校画过画。据传，当时还是学生的弗里达就说过，她总有一天会嫁给迭戈。两人很快坠入爱河，并于1929年步入婚姻殿堂。为了迭戈的作品展览，他们来到了美国。弗里达的作品首次在旧金山女艺术家协会第六届年度展览上展出。后来他们又去了底特律和纽约。

弗里达不喜欢在美国生活。美国人对财富和资本主义的痴迷让她深恶痛绝。她在美国期间写的一封信中说，她"坚信只有通过共产主义，我们才能成为真正的人类"。她渴望回国。1933年12月，她的愿望实现了。迭戈因为拒绝从壁画上去除列宁的脸而被洛克菲勒中心的一个委员会解雇了。夫妻俩回到了墨西哥，迭戈在美国的声誉也一落千丈。

弗里达和迭戈颠覆了传统婚姻模式。回到墨西哥，他们分别住在两座由桥连接的独立的房子里。尽管弗里达自己也有不忠行为，但当她发现丈夫与妹妹克里斯蒂娜的婚外情时，她还是感到非常震惊。她花了几周时间考虑离婚，但最终还是与丈夫和妹妹和解了。

一切都可以暂时和解，但并没有原谅和忘记。1937年，流亡的利昂·托洛茨基和他的妻子娜塔莉亚抵达墨西哥时，弗里达觉得，报复丈夫的机会来了。托洛茨基住在蓝房子（弗里达的住所），很快，他就被活泼聪明的弗里达所吸引。他们的恋情虽然短暂，但充满激情。

▲ 弗里达的轮椅和专门设计的画架，陈列在她的蓝房子里

弗里达和托洛茨基秘密地交换了藏在书里的情书，这对情侣只会用英语来表达对各自配偶的困惑。但到了年底，娜塔莉亚和迭戈发现了真相，一切都结束了。经过数月的激烈争吵，托洛茨基及其妻子于1939年4月搬出了蓝房子。仅仅一年多后，托洛茨基在墨西哥被暗杀。

1939年，弗里达和迭戈的婚姻问题太多了，两人终于离婚。弗里达搬回了蓝房子，那里唤起了她最美好的回忆，尤其是对童年想象中的朋友的回忆激励她创作了《两个弗里达》。然而，当弗里达远离尘嚣时，她终于悟出一个道理，自己心碎的痛苦经历恰恰是创造力的来源。于是，从1939年到1940年，她创作了一些非常受欢迎的作品，包括《剪短发的自画像》和《受伤的桌

美国人对财富和资本主义的痴迷让弗里达深恶痛绝。

子》，描绘了她与丈夫经历的情感创伤。但他们的分离只是暂时的，1940年，迭戈和弗里达复婚了。

这时，弗里达已经是著名的艺术家了。弗里达不再只是迭戈·里维拉的妻子，她的作品大受欢迎。但随着人气急剧上升，她的健康状况却急转直下。在持续的痛苦中，由于背部原因，弗里达无法长时间站立或坐着，她开始借助酒精和药物进行治疗。1945年，弗里达飞往纽约接受最先进的脊柱手术，但这次手术堪称一场灾难，让弗里达更加痛苦。而这却激发了她更多的创作灵感，如创作了《毁坏的圆柱》。这幅画表达了弗里达在手术后所遭受的情感和身体上的痛苦。1950年，她又做了一次手术，但依然以失败告终。为了防止感染，她不得不进行多次后续手术。

尽管背痛难忍，弗里达还是重新燃起了对政治的热情。她重新加入了墨西哥共产党（1929年丈夫被开除党籍后，为了声援他，她也退党了），并再次通过自己的艺术表达了对墨西哥社

▲ 在这幅1946年的画作中，弗里达展示了一只受伤但依然强壮的鹿

▲ 自画像《毁坏的圆柱》表达了手术给弗里达造成的毁灭性伤害

会主义的美好憧憬。

1950年，弗里达的病情再度恶化，被诊断为右脚坏疽。尽管弗里达身体不好，但她还是坚持工作。几个月里，弗里达频繁进出医院，长期卧床不起，生活陷入一片混乱。1953年4月，她的个人画展于墨西哥当代艺术画廊开幕，医生不让她参加，坚持要求她卧床休息。这一次，她态度很配合，听从了医生的建议，却把她的四柱床搬进了画廊。

病痛折磨了弗里达10年之久。1953年8月，她的右腿膝盖被截肢。面对这样的创伤，弗里达内心充满反抗情绪，极度崩溃，陷入了抑郁。1954年2月，弗里达写道："半年前，我截肢了。我觉得我已经忍受这样的折磨几百年了，我受够了，简直要发疯了，天天想自杀。迭戈拦着我，他说他离不开我。我相信他，但这也帮不了我，我从未像现在这般痛苦。我只能等待痛苦结束的那一天。"

不到半年，弗里达就去世了。虽然官方称死因为肺栓塞，但人们认为她是因服药过量自杀的。她的最后一篇日记流露出其强作欢颜背后的真实感情："感谢医生……感谢护士、担架手、清洁女工和护理人员……我渴望得到解脱，到那个极乐世界去，永远不再回来遭受痛苦了。"

弗里达·卡洛活着的时候，现实对她很残酷。她外表强大而叛逆，但其实内心很脆弱。她很清楚，自己残缺的身体要忍受巨大的病痛折磨。在世人眼中，弗里达虽死犹生，她是一位标志性人物，一位墨西哥国宝级的艺术家。

弗里达·卡洛的多重身份

残障人士

弗里达 6 岁患上小儿麻痹症，右腿很虚弱，同学嘲笑她是"假腿弗里达"，但这个残酷的绰号让她变得更加坚强。1925 年那次灾难性的事故发生后，弗里达学会了隐藏自己的痛苦。她不仅能坦然接受自己残疾的事实，而且还让伤残成了自己的标志和符号。

女权主义者

几十年来，弗里达一直被推崇为为女性发声的领军人物。在那个男人主导的年代，她倡导女性独立。对于自己残缺的身体，她不但毫不避讳，还将其作为艺术创作的来源。弗里达的私密画作向人们展示了一位决心打破传统的女性，难怪她今天被女权主义者誉为偶像。

超现实主义者

尽管弗里达作为 20 世纪中期著名的超现实主义画家之一在今天广受推崇，但她本人其实很喜欢自画像。她认为，自己的艺术独具特色，可以展示自己私密的一面，与那些大众流行而又稀奇古怪的艺术潮流不同。对此，她解释说："我从不描绘梦想，我的画都是自己的真实写照。"

1921—2006

贝蒂·弗里丹

几十年来，贝蒂·弗里丹一直站在
美国女权主义的前沿，人们至今都没有忘记她

1970年8月26日，约5万人聚集在纽约市，为妇女争取平等而罢工。贝蒂·弗里丹（Betty Friedan）是这次游行的领头羊，她是一位极具影响力的活动家，一生都在为两性平等而奋斗。

贝蒂·弗里丹以作家的身份开始了她的职业生涯，在这个领域，她能明显感受到性别的不平等。弗里丹为美国工会电气、无线电和机械工人联合会的报纸《联合电气新闻》工作了6年，但她在怀孕后被辞退了，只好做自由作家。她发表了一系列文章，详细介绍了现代美国女性的不平等遭遇，反响很强烈。很多女性失业后被迫做家庭主妇，有沮丧也有不平，因此纷纷公开支持弗里丹。

弗里丹研究发现，女性放弃自己的理想和抱负，回归家庭，相夫教子，支持丈夫的事业发展，到头来却不被欣赏，甚至被抛弃。可是，当她们准备重返工作岗位时，却又被视为一无是处的家庭主妇，没有人认可她们曾经的辉煌以及为家庭所做出的牺牲。

1963年，弗里丹撰写了《女性的奥秘》，这本书使她成名。她在书中解释了她所说的"无名的难题"，即美国郊区家庭主妇的困境。那些想重新掌控自己生活的女性对这本书非常感兴趣，那些觉得自己没有发言权的女性也很快在弗里丹

《女性的奥秘》

1957年，贝蒂·弗里丹对自己在史密斯学院的同学做了一项调查，没想到这却对她后来的生活产生了影响。她发现，这些女性作为家庭主妇和母亲，表面上过着舒适的生活，但内心却非常失落。

起初，弗里丹打算将她的研究成果发表在学术期刊上，但遭到了拒绝，后来就出了一本书，名为《女性的奥秘》。这本书一经出版就风靡全美，并连续多年成为女权主义者的理论基石。

▶ 1970年，支持者与弗里丹一起沿第五大道游行，参加争取男女平等的妇女大罢工

这里找回了自信。

弗里丹亲身实践了自己的理论，与人共同创立了全国妇女组织，并担任该组织的首任主席。全国妇女组织致力于实现两性平等，并将其写入法律条款。为了实现男女同工同酬、女性就业权、堕胎合法化以及《平等权利修正案》的通过，该组织四处进行游说，最终，《平等权利修正案》以压倒性多数通过。

然而，并不是所有人都赞成弗里丹的观点。比如，弗里丹对堕胎的支持就引起了分歧。全国妇女组织也有人提出，弗里丹援引《人权法案》维护女性权利，为高加索妇女争取法律权利，但忽视了一个事实，即在现实生活中，非洲裔美国人无论男女，享有的权利还不如高加索妇女多。

1969年，弗里丹辞去全国妇女组织主席职务，但她仍然是女权运动有影响力的活跃人物。她于1970年组织了争取男女平等的妇女大罢工，以纪念《妇女选举权修正案》50周年，并呼吁美国各地的妇女站出来抗议，可以游行、罢工，哪怕仅仅是讨论一下她们关心的问题。

《女性的奥秘》被认为是美国女权主义第二次浪潮的开端，开启了一场关于性别平等的全新对话。2006年，贝蒂·弗里丹去世，但她至今仍然是一个颇具争议的人物。

▲ 1980年,在贝蒂·弗里丹的领导下,美国宪法通过了《平等权利修正案》

大事年表

1952年
弗里丹担任《联合电气新闻》杂志记者6年,后因怀孕被解雇。

1963年
《女性的奥秘》在美国出版。这是一本畅销书,吸引了世界各地的女性,有喝彩也有批评。

1966年
弗里丹在餐巾纸上草草写下了"全国妇女组织"几个字,与人共同创立了该组织,并担任首任主席,任期3年。

1970年
弗里丹领导了全国妇女争取平等大罢工,在纪念《妇女选举权修正案》50周年之际举行。

1970年
弗里丹成立了全美废除堕胎法协会,并领导了争取妇女堕胎选择权的运动。

关于贝蒂·弗里丹的五件事

1 始于同学聚会
弗里丹在一次同学聚会上对她以前的大学女同学做了一项调查，发现许多人对自己的生活感到不满意。基于调查结果，她创作了《女性的奥秘》。

2 中产阶级宣言
反对弗里丹的人认为，《女性的奥秘》只为中产阶级白人女性代言，她的研究似乎没有涉及其他女性群体。

3 第二次浪潮
弗里丹的成就被认为是第二次女权主义浪潮的开端，并为随之而来的激进主义浪潮奠定了基础。

4 同性恋问题
虽然弗里丹的立场后来有所缓和，但她承认，她对同性恋问题感到不安。

5 提倡堕胎合法化
弗里丹认为妇女有选择堕胎的权利。在她的倡导下，美国废除堕胎法协会（National Association for the Repeal of Abortion Laws）成立了。

1971年
贝蒂·弗里丹是全国妇女政治核心小组的六位创始人之一，她支持妇女在各级政府中任职。

1975年
美国人文主义协会将贝蒂·弗里丹评为年度人文主义者，表彰她"对改善人类生活条件的重大贡献"。

1981年
弗里丹的《第二阶段》出版了。在这本书中，她认为女权主义必须不断发展才能适应新一代女性。

1993年
弗里丹入选美国女性名人堂，以表彰她在改变美国人对女性和女权主义的态度方面做出的杰出贡献。

2000年
弗里丹出版了自传《此前一生》。她继续活跃于政坛，但这是她的最后一本书。六年后，她永远离开了我们。

1928—2014

玛雅·安杰卢

玛雅·安杰卢是一位多产诗人、社会活动家，
她的作品都是其内心的真实写照，已成为美国文化的基石

玛雅·安杰卢（Maya Angelou）拥有多重身份，比如演员、舞蹈家、记者等。她是一个传奇，受人尊敬，她的作品被认为是美国现代文学中最重要的作品之一。

安杰卢的童年生活很不幸。她年仅8岁，就被其母的男友奸污，她向哥哥吐露了心声，施暴者尽管被判有罪，但只被监禁了一天。他后来被谋杀，小安杰卢认为是自己的揭发导致了他被杀，这种心理负担导致她患上了选择性缄默症。她很少讲话，只是选择性地和哥哥说说话。

玛雅·安杰卢沉默了五年之久。一位名叫伯莎·弗劳尔斯的老师帮助她重新找到了自己的声音，引领她进入文学的殿堂，与她分享了狄更斯、莎士比亚等人的作品。这位启蒙老师使安杰卢永生难忘。后来她离开了家乡，但她对文学的热爱却伴随终生。

玛雅·安杰卢17岁就做了母亲，23岁时结婚。她初入娱乐圈时是歌手、舞蹈家兼演员。20世纪60年代初，她遇到了马尔科姆·X，二人一起在非洲裔美国人团结组织供职。但不久马尔科姆被谋杀，安杰卢心碎不已。后来，安杰卢与马丁·路德·金萌生友谊，但金最终也被暗杀，这令她深陷痛苦，不能自拔。

1969年，安杰卢创作了她最著名的作品《我知道笼中鸟为何歌唱》。这是七卷自传中的第一卷，被誉为开山之作。这本书是自传体诗集作品，讲述了安杰卢从婴儿期到17岁的生活，重点放在她作为一名在美国长大的年轻黑人女性的

笼中鸟

玛雅·安杰卢具有多重身份——民权活动家、艺人、电影制作人、教育家等,但其中最重要的一个身份还是诗人。她的代表作是七卷本自传,而《我知道笼中鸟为何歌唱》无疑最负盛名。

这本书直击种族歧视和性别歧视问题,披露了安杰卢童年遭受性虐待的事实,引领读者看到了她后来在这个世界上拼命挣扎、寻找出路的艰难历程。时至今日,这本书仍备受争议,在美国高中的10本禁书之列。

▲《我知道笼中鸟为何歌唱》披露了安杰卢童年遭受性虐待的事实

经历,直击黑人身份和种族问题,以及年幼时遭受的性虐待给她带来的心灵创伤。

这本书出版后,其自传体创作手法被认为极具创新性。安杰卢极力摆脱传统,描述了自己如何与逆境抗争、反抗种族歧视的历程,整部诗集采用抒情,以及幻想和现实结合的艺术手法写成。作品所表现出的压迫感和绝望感,在世界各地产生了广泛的影响。

安杰卢创作了诗歌、散文和其他作品。她还是一位教育家,为女性和黑人发声,是美国一位

▲ 1993年，在克林顿总统的就职典礼上，安杰卢朗诵了自己的诗作《清晨的脉搏》

具有开创性的文化人物。

她在比尔·克林顿总统就职典礼上朗诵诗歌，是美国历史上第二位获此殊荣的人。她获得了无数荣誉，包括巴拉克·奥巴马总统为她颁发的总统自由勋章。

2014年，玛雅·安杰卢去世。在世界各地，很多人为她感到悲痛，表达对她的热爱。她为世人留下了宝贵的精神财富，她的自传体诗集在美国文学史上留下了浓墨重彩的一笔。时至今日，她的作品依然备受推崇。

大事年表

1942年 多年后，选择性缄默症好转，玛雅·安杰卢再次学会了说话。

1952年 婚姻破裂后，她改名玛雅·安杰卢，开始了演艺生涯。

1959年 安杰卢接受了小马丁·路德·金的邀请，成为南方基督教领袖会议的北方协调员。

1964年 在非洲生活了四年后，安杰卢回到美国，与马尔科姆·X一起建立了非洲裔美国人团结组织。

1969年 《我知道笼中鸟为何歌唱》出版。这本书从出版那天起，迅速成为畅销书，并一直流传至今。

关于玛雅·安杰卢的五件事

1 名字的来由
玛雅·安杰卢接受了玛格丽特·约翰逊的洗礼。她哥哥给她起了个外号叫玛雅。后来她将其作为自己的正式名字，并加上了自己的婚姻姓氏安杰卢。

2 被授予勋章
尽管玛雅·安杰卢从未上过大学，但她获得了50多个荣誉学位，其中许多来自世界上一些最重要的教育机构。

3 民权偶像
自从小马丁·路德·金在安杰卢生日那天遇刺后，她就不再庆祝自己的生日，而是在那天给金的遗孀送花表示哀悼。

4 别具一格的写作程序
安杰卢写书时遵循一套固定的程序：她住进当地一家酒店，从墙上取下照片，并在黄色的法律便笺簿上手写书稿。

5 环游世界
安杰卢在埃及做过《阿拉伯观察报》的编辑。后来她曾在加纳大学的音乐和戏剧学院任教。

1977年
安杰卢经历丰富，不仅在文学领域颇有建树，还涉足学术界，也做过作曲家和演员。

1993年
安杰卢在克林顿总统的就职典礼上朗诵了自己的诗作《清晨的脉搏》。这首诗的录音获得了格莱美奖。

2013年
《妈妈、我和妈妈》是安杰卢自传的第七卷，现已出版。这是她出版的最后一部长篇自传体作品。

2014年
安杰卢在写下一卷自传时去世。米歇尔·奥巴马和比尔·克林顿都曾在她的纪念碑前做过演讲。

2015年
美国邮政局为玛雅·安杰卢推出一枚纪念邮票，这在她诸多荣誉中又添了一笔。

1929—1945

安妮·弗兰克

在安妮·弗兰克不幸去世70多年后，
其《安妮日记》在全球流行

　　安妮·弗兰克的日记开头平淡无奇。安妮13岁生日那天，收到一个生日礼物，是一本配有红白彩格封面并附上一个小锁的签名簿。从那时起她就开始用它来写日记。在第一批日记中，她揭露了自己作为一名犹太女孩在阿姆斯特丹所面临的种种限制。纳粹在德国掌权后，她和家人就定居在阿姆斯特丹。

　　安妮小时候过着正常的生活，但随着时间的推移，面对日益盛行的民族主义，她和家人不得不东躲西藏，频繁搬家。最终，德国占领荷兰。安妮的妹妹马戈特得知自己将被送往囚犯劳动营，因此全家决定躲起来。

　　弗兰克一家和其他一些朋友一起住在阿赫特胡伊斯（Achterhuis）。阿赫特胡伊斯是安妮的父亲奥托·弗兰克的办公楼里的一间隐秘公寓。他们家的入口藏在3楼一个书架后面，安妮在两年多的时间里记录了他们隐秘藏身处的生活。安妮在日记中写道，她与家人和邻居一起住在阿赫特胡伊斯，既有成长的烦恼，也有对生活的恐惧。像许多少女一样，她也会经常与母亲争吵。她很尊敬姐姐，但偶尔也会抱怨别人拿自己与姐姐做比较。安妮还向邻居16岁的儿子彼

秘密日记

安妮·弗兰克引人注目、令人心碎的日记是20世纪最重要的文学出版物之一。在日记中,安妮描述了自己从儿童到少女的成长之路,尤其是犹太人和自己家庭的困境。1947年,它最初以《少女的日记》(*The Diary of a Young Girl in*)为名出版,虽然经受了审查和伪造指控,但仍不失为一部开创性作品。迄今为止,《安妮日记》已被翻译成70多种语言,在全球售出3000多万册。

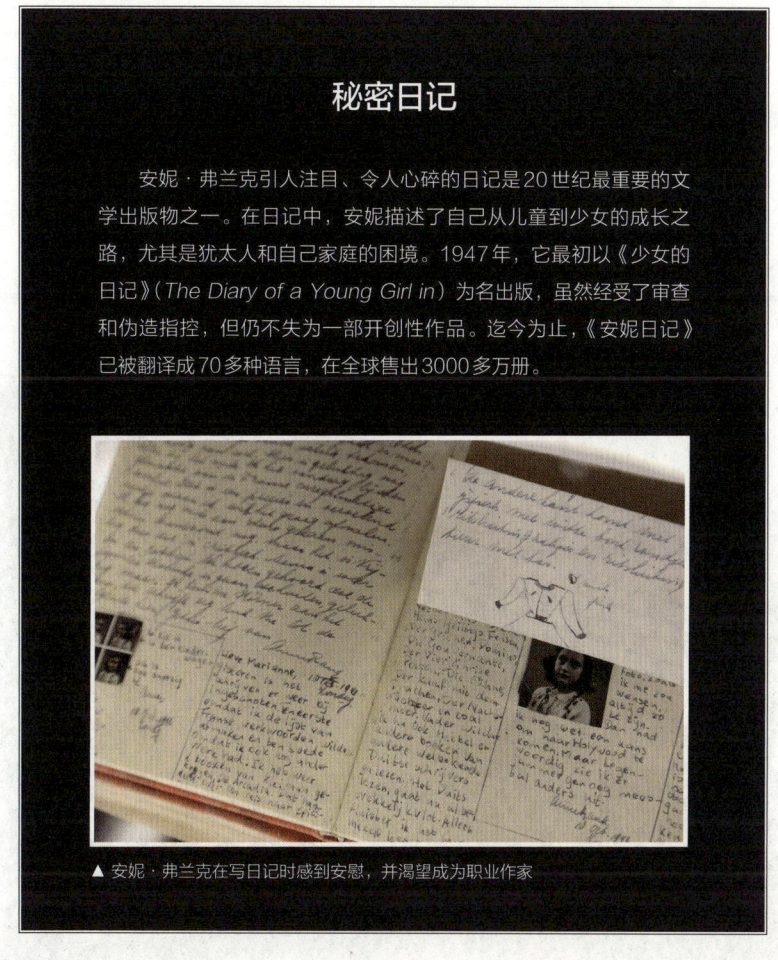

▲ 安妮·弗兰克在写日记时感到安慰,并渴望成为职业作家

得·范·佩尔斯献上了她的初吻。

尽管每天都有被发现的危险,但安妮还是全身心投入日记的写作中。在日记中,她反思了自己的生活和人际关系,甚至还描述了将来想成为记者和作家的雄心壮志。

可悲的是,安妮没能实现自己的抱负。1944年8月4日,在她写下日记最后一条后的第3天,德国警方突袭了阿赫特胡伊斯并拘留了他们。

奥托·弗兰克的两名雇员贝普·沃斯基尔和米普·吉斯帮助了安妮一家,挽救了安妮的日记本、笔记本以及家庭照片。他们打算在战争结束后将这些归还给安妮。

实现抱负的那一天从未到来。安妮在贝尔根-贝尔森集中营去世了。几周后,营地被英国士兵解放了。由于安妮的母亲和妹妹也去世了,因此她的父亲奥托·弗兰克独自一人继承了所有遗产,负责她的日记的编辑和出版。今天,安妮不仅作为反抗和自由的象征被人们铭记,她还是一位才华横溢的聪明女孩,她的日记是世界上杰出的自传体作品之一。

安妮·弗兰克的家

▲ 访客可以通过安妮的语录、照片、视频和物品来体验她的故事

大事年表

1933年
希特勒做了德国总理，几个月后，弗兰克一家离开德国，前往阿姆斯特丹开始新生活。

1942年
安妮13岁生日那天，她的生日礼物是一本签名簿，她用来记日记，并坚持了两年。

1942年
安妮的妹妹马戈特得知自己将被送往囚犯劳动营，于是，他们一家决定躲到奥托·弗兰克的办公室楼上。

1942年
范·佩尔斯一家和弗里茨·普费弗加入了弗兰克一家。安妮在日记中分别给他们取了化名范·达恩和阿尔伯特·杜塞尔。

1944年
一名匿名线人透露了弗兰克一家的行踪，他们的藏身处遭到袭击。他们被捕并被送往奥斯威辛-比克瑙集中营。

关于安妮的五件事

1 举家逃往阿姆斯特丹
安妮出生于德国法兰克福,后来纳粹掌权,她们一家被迫逃离。在荷兰定居时,安妮只有4岁。

2 不是日记本
虽然安妮把它当作日记本,但她在13岁生日时收到的那本配有红白彩格封面的本子实际上是一本签名簿。

3 隐藏的居民
范·佩尔斯一家及弗里茨·普费弗一家加入了弗兰克一家的藏身之地。

4 写作逃避现实
安妮梦想成为一名职业作家。她写道,每当她坐下写作时,所有的担心和焦虑就都无影无踪了。

5 母亲的牺牲
伊迪丝·弗兰克被囚禁在奥斯威辛–比克瑙集中营时,把自己仅有的一点口粮省给安妮和马戈特吃。后来,母亲伊迪丝在女儿去世前几周死于饥饿。

1944年
安妮和马戈特与父亲被送往德国贝尔根·贝尔森集中营。母亲伊迪丝被留在了奥斯威辛–比克瑙集中营。

1945年
安妮、马戈特和伊迪丝都去世了。奥斯威辛–比克瑙集中营解放期间,奥托·弗兰克被苏联军队释放,并开始寻找家人。

1947年
奥托·弗兰克监督女儿日记的出版,其中有最初的原作,也有1944年安妮重写的部分。

1952年
《安妮日记》是由编辑朱迪思·琼斯从《双日》杂志的废品堆中挽救出来的。《安妮日记》首次发行英文版。

1995年
《时代》杂志将安妮列入20世纪最重要人物名单。

艺术界的著名女性

艺术领域曾是男人的天下，
但杰出的女艺术家也层出不穷

阿芙拉·贝恩
英国人，1640—1689

阿芙拉·贝恩（Aphra Behn）出生于英国内战时期的一个普通人家。据说，在她失踪那几年里，她做过间谍，但无证可考。然而，1665年，她确实在荷兰从事间谍活动，这引起了国王查理二世的注意。后来，她债台高筑，濒临死亡，只好回到英国，靠写作维持生计。她的代表作是1677年出版的《漫游者》（The Rover）。

安杰莉卡·考夫曼
瑞士人，1741—1807

在男人主宰的世界里，安杰莉卡·考夫曼（Angelica Kauffman）用自身实力证明，女人同样可以开创一片天地。她表现出超越年龄的成熟，学习了好几门外语，并给她父亲——一位小有成就的奥地利壁画家，做助手。考夫曼在母亲去世后前往意大利，开始了她的艺术家生涯。1768年，考夫曼成了皇家艺术学院34位创始者中的两位女性之一。她的作品与约书亚·雷诺兹爵士（Sir Joshua Reynolds）和托马斯·盖恩斯伯勒（Thomas Gainsborough）的作品并驾齐驱。

夏洛特·勃朗特
英国人，1816—1855

夏洛特·勃朗特（Charlotte Brontë）是英国文学史上"勃朗特三姐妹"中的老大，她的代表作《简·爱》颇具争议。这是个令人震惊的故事，被认为是"反基督的"，激怒了维多利亚时代的英国人。从那时起，这本书就成了一本必读书，常常排在前10位。"勃朗特三姐妹"全部以男性笔名出版作品，其中夏洛特的笔名是科勒·贝尔。1848年，三姐妹透露了真实身份，并成为知名人物。

弗吉尼亚·伍尔夫
英国人，1882—1941

1941年3月28日，弗吉尼亚·伍尔夫（Virginia Woolf）在饱受精神疾病折磨后自杀。但她作为世界上最具创新性和影响力的作家之一，给后人留下了宝贵的精神财富，即一种全新的写作方式。她的灵感来源于童年时经常去的地方，以及因死亡和性虐待而遭受的创伤。除了她的著名小说如《到灯塔去》和《达洛维夫人》，弗吉尼亚也写过散文，其中《一间自己的房间》成为女性主义文学经典，它倡导女性在文学中发挥作用。

佩姬·古根海姆
美国人，1898—1979

佩姬·古根海姆（Peggy Guggenheim）继承了250万美元遗产，随后进入了艺术界，成为巴黎波希米亚社区的一员。1938年，她开设了一家现代艺术画廊，并开始做私人收藏。第二次世界大战爆发后，她"每天买一幅画"，包括毕加索、达利、恩斯特等人的作品。1949年，她定居在威尼斯，并在那里展出了她的大量藏品。"大运河上的佩姬·古根海姆藏品"是威尼斯最受欢迎的景点之一，它使立体主义、超现实主义和抽象表现主义为大众所接受。

李·米勒
美国人，1907—1977

美丽、矜持、时尚的李·米勒（Lee Miller）有过短暂的模特生涯，于1929年成为超现实主义摄影师曼雷的情人。米勒想学习摄影，于是成了曼雷的学生。"二战"爆发后，她决心成为一名战地记者，到1942年，她为《时尚》（Vogue）杂志捕捉到了许多珍贵的瞬间镜头，记录了法国使用凝固汽油弹的情况和集中营的恐怖。战争结束后，她患上了创伤后应激障碍症，每日与酗酒和吸毒做斗争。她的标志性摄影作品在她去世后才重新浮出水面。

西蒙娜·德·波伏娃
法国人，1908—1986

西蒙娜·德·波伏娃（Simone de Beauvoir）出生于法国上层社会，自幼娇生惯养，然而到第一次世界大战结束后，家里只能勉强维系生计。为了独立生活，西蒙娜开始学习。1928年，她成为第九位在巴黎索邦大学攻读哲学学位的女性。西蒙娜关于女权主义和存在主义的著作使她一举成名，尤其是《第二性》（The Second Sex）。

西尔维娅·普拉思
美国人，1932—1963

从孩提时代起，西尔维娅·普拉思（Sylvia Plath）就明显有别于同龄人。8岁时，她已经发表了第一首诗。在美国获得大学奖学金后，她又获得了另一份前往剑桥大学学习的奖学金，并在那里结识了她未来的丈夫、诗人泰德·休斯（Ted Hughes）。除了广受赞誉的诗歌，她最著名的作品是半自传体小说《钟形罩》，该小说在她自杀前一个月出版。50多年后，西尔维娅·普拉思被认为是20世纪最具独创性的诗人之一，也是心理健康治疗的积极倡导者。

扎哈·哈迪德
伊拉克人，1950—2016

扎哈·哈迪德（Zaha Hadid）注定是伟大的。她被送去读欧洲寄宿学校，后来在伦敦建筑协会建筑学院学习，并很快成为该校最优秀的学生。1980年，她在伦敦开设了自己的公司，并成为现代建筑师，拥有许多赞助人。她的代表作是伦敦水上运动中心和广州歌剧院。2016年，她心脏病发作，结束了非凡的一生。她的公司称她为"当今世界最伟大的女建筑师之一"。

科学与创新

- 46　玛丽·安宁
- 50　阿达·洛夫莱斯
- 56　弗洛伦斯·南丁格尔
- 69　玛丽·居里
- 76　罗莎琳德·富兰克林
- 80　简·古多尔
- 84　美国国家航空航天局被遗忘的天才们
- 94　科学界的著名女性

1799—1847

玛丽·安宁

她是古生物学先驱，发掘了史前化石并开展科学研究

1799年5月21日，玛丽·安宁（Mary Anning）出生于贫困地区，从小就努力学习。她没有受过正规教育，只在主日学校念了点儿书。玛丽和哥哥约瑟夫在多塞特的莱姆里吉斯海滨度假胜地长大，靠父亲在海滨摊位向度假者出售菊石化石谋生。

1811年，约瑟夫发现一个嵌在岩石中的头骨，玛丽的生活从此改变。兄妹俩进一步挖掘，发现了整个骨架。他们还不知道，这是首次发现鱼龙化石，一种三叠纪的海洋爬行动物。

三年后，著名外科医生埃弗拉德·霍姆写了一篇关于鱼龙的科学论文，这一发现引起了轩然大波。这个鱼龙化石是在侏罗纪海岸地区发现的，该地区是多塞特岛的一部分，恐龙时代在水面以下。安宁小时候生活的地方靠近悬崖，悬崖上面布满了侏罗纪时期的化石，风暴过后，化石会被侵蚀或移动，安宁就经常在海滩上寻找这样的化石。

这样，安宁记录了每次发现的结果。又过了一年多，1821年，她发现了三具鱼龙骨骼。两年后，她又发现了一具完整的蛇颈龙骨骼，这又是一项重大发现。这太非同寻常了，甚至有许多顶尖科学家都认为这是假化石，因为他们不相信一个没有受过教育的24岁的年轻人能找到如此非凡的化石。此外，当时的社会高度宗教化，许多人不接受这些发现，因为这有悖于《圣经》的教义。

尽管遭遇挫折，安宁仍继续披露更多令人震惊的消息。她发现了箭石目化石，这种类乌贼的生物是最早发现的史前动物之一，能够喷射墨水作为防御机制。安宁还挖掘出被称为粪化石的粪便，这有助于专家了解史前生物的饮食。但她最大的发现是1828年第一具完整的翼龙骨架。

开创者

玛丽·安宁发现了翼龙化石,这具有划时代意义,首次证明史前时代存在会飞的爬行动物。翼龙生活在2亿年前,与以前在德国发现的物种相比,翅膀更短,头部更大。这具完整的骨骼为科学家们提供了研究标本。此外,她对角鲨化石的发现有助于缩小鳐鱼和鲨鱼进化之间的差距,这比达尔文发表《物种起源》早了几十年。

科学家们对动植物化石越来越感兴趣,因此,玛丽·安宁的发现对古生物学的研究产生了重要影响。她的贡献还在于启发人类研究地球历史,证明女性和穷人也能在科学研究方面取得成功,科学研究并非全是由富人和男人主导。1847年,玛丽·安宁死于乳腺癌,终年47岁。为了纪念她,当地教堂特地制作了一扇彩色玻璃窗,人们至今仍然能够看到那扇窗。

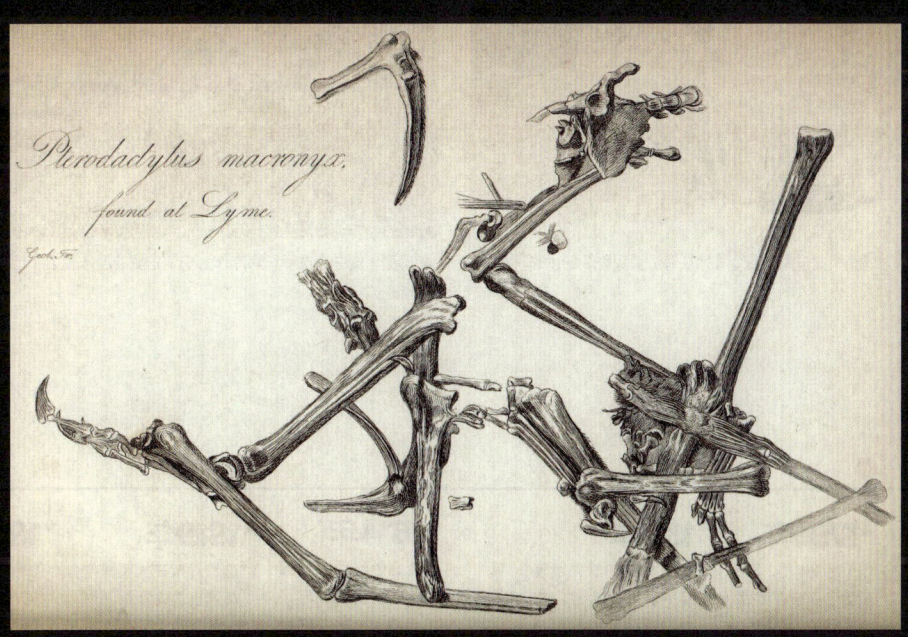

▲ 该标本是德国境外发现的第一只翼龙,也是第一块完整的翼龙化石

◀ 玛丽·安宁发现的双型齿翼龙化石是欧洲大陆以外发现的第一块翼龙化石

▲ 人们认为玛丽·安宁是绕口令《她在海边卖贝壳》的创作灵感来源

▲ 玛丽·安宁令侏罗纪海岸作为史前挖掘的温床登上了地图

大事年表

1799年
5月21日，玛丽·安宁在英国多塞特的莱姆里吉斯出生，生活贫困。

1811年
她的哥哥约瑟夫发现了一具鱼龙头骨，12岁的玛丽帮助挖掘其余的骨骼。

1814年
著名外科医生埃弗拉德·霍姆发表了一篇关于鱼龙的科学论文。

1819年
这具骨架在大英博物馆展出，侏罗纪海岸地区因此上了新闻。

1820年
由于一年多没有发现任何化石，安宁一家不得不变卖家具来支付房租。

关于玛丽·安宁的五件事

1 在歌声中永垂不朽
玛丽·安宁的生平是1908年一首歌曲的灵感来源,其中包括绕口令《她在海边卖贝壳》。

2 会说法语
安宁热衷于阅读法国著名古生物学家乔治·库维尔的作品。为了能更好地理解作品,她自学了法语。

3 以她的名字命名
1834年,地质学家路易·阿加西斯访问了侏罗纪海岸,发现了两种鱼化石。为了表彰玛丽·安宁的成就,这两种鱼化石就以她的名字分别命名为阿克罗达思·安宁(Acrodus anningiae)和拜伦思托摩斯·安宁(Belenstomus anningiae)。

4 雷击幸存者
有一个广为流传的说法称,玛丽·安宁15个月大时差点夭折。保姆带着她们三个孩子遭遇了突如其来的雷雨,她们被雷电击中,另外两个孩子不幸身亡,但安宁却奇迹般幸存下来。

5 她的发现被画出来
地质学家亨利·德拉贝奇受到玛丽·安宁启发,画出了一幅史前生活的图画。许多人根据这幅画推测遥远的史前生活。

1821年
安宁发现了3块长达6米的鱼龙化石。

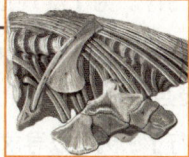

1823年
12月,安宁发现了蛇颈龙的完整骨架。

1824年
安宁发现了粪化石,对专家了解史前动物的饮食意义重大。

1828年
安宁发现了德国以外有史以来第一块翼龙化石。

2010年
英国皇家学会授予她"十位对科学做出贡献的英国女性"称号。

1815—1852

阿达·洛夫莱斯

这位不同寻常的伯爵夫人是科技史上最有影响力的人物之一，但你可能从未听说过她

世界上第一位计算机程序员是维多利亚时代的女性，这本身就很了不起。她还是文学界知名诗人的女儿。但不知为什么，很少有人知道她。出生于1815年的阿达·洛夫莱斯（Ada Lovelace）并不像艾伦·图灵、查尔斯·巴贝奇或蒂姆·伯纳斯·李这些人那样受到尊敬和认可。然而，阿达·洛夫莱斯是第一个预测现代计算机潜力的人，她的预测非常准确，后来的技术革命印证了这一点。因此，人们觉得她很有远见。

如果想知道阿达为什么会在计算机领域发挥创造性作用，就必须了解一下阿达的家人和童年。她的母亲安妮·伊莎贝拉·拜伦不希望女儿长大后像她的父亲——著名诗人拜伦勋爵一样。拜伦勋爵性情暴躁，容易情绪波动，这是流行诗人的通病。母亲坚持认为，女儿在成长过程中完全可以控制自己的情绪，可以运用逻辑思维，不会像她父亲那样被直觉和情感所左右。

阿达自幼就梦想有一天能飞行。母亲得知后很担心，但她了解女儿，知道自己无法阻止女儿这些稀奇古怪的想法。阿达12岁时，就表现出科学天赋，好奇心很强，痴迷于学习飞行。为了实现这一理想，阿达对可用来制作翅膀的材料进行了广泛且系统的研究，也对鸟类和昆虫进行了研究，以寻求灵感。她将自己的发现整理在一本书中，并将其命名为《飞行学》。起初，母亲鼓励她对科学研究的热情，但后来发现女儿有点走火入魔，就

> 母亲禁止她看父亲的肖像。

劝女儿放弃这个项目。

母亲安妮·伊莎贝拉很注重培养女儿的逻辑思维,这很可能是因为她自己对数学非常感兴趣。这种培养表现在方方面面,有时甚至是一些常人想象不到的方面。比如,母亲对阿达的"教育",是连续数小时静止躺着,旨在教会她"自我控制"。其实,安妮·伊莎贝拉并不是一位传统意义上的母亲。比如,在信中称小阿达为"它",并将阿达交给祖母朱迪思·米尔班克女士照顾。朱迪思在阿达6岁时去世,从那时起,她的监护权就由不同的保姆负责,后来由安妮·伊莎贝拉亲自挑选的导师负责。

阿达的父亲拜伦勋爵在她出生两个月后就离开了她,独自去意大利生活。拜伦与安妮·伊莎贝拉突然离婚,一时间,关于他和一个合唱团女孩之间的绯闻、他的财务问题,以及对妻子施暴和虐待的谣言铺天盖地。拜伦到意大利后,与雪莱夫妇住在一起。拜伦的最后几年是在希腊度过的,在那里他加入了为脱离奥斯曼帝国而斗争的军队。1824年,拜伦在那里去世,当时阿达只有8岁。

虽然母亲对数学的热爱让阿达在成长过程中被迫接受了一些非传统的教育,但这也是一份非同凡响的礼物、全面的数学教育。19世纪,女性接受这样的教育是非常罕见的。阿达的众多导师是各个科学领域的学者,他们都是19世纪早期至中期知识分子"名人录"里的人物,如阿达的家庭医生威廉·金(William King)、女数学家和天文学家玛丽·萨默维尔(Mary Somerville)、著名社会改革家威廉·弗兰德(William Frend)

12岁时,阿达就开始痴迷于学习飞行。

阿达痴迷于飞行研究长达5年。后来她遇到了一个男人——查尔斯·巴贝奇。查尔斯·巴贝奇成了阿达生活中不可或缺的一部分,尤其在研究方面给了她很大帮助。查尔斯·巴贝奇长于技术创新,他发明的分析机被认为是第一台计算机。

巴贝奇42岁,比阿达大20多岁。他们交流思想,感受快乐,更给世界带来迄今为止最具革命性的发明——计算机。

巴贝奇受英国政府的委托,开发一种称为差分机的机器。差分机本质上是一个计算器,用于更正人类易犯的错误。与之相比,巴贝奇设计的分析机要厉害得多,可以执行更复杂的计算,远远超出算术的范畴。这是人类首次构思并设计出这样的机器。

对立之人

奥古斯塔·利

1841年,阿达的母亲告诉她,她的堂妹梅多拉·利实际上是她同父异母的妹妹,是拜伦勋爵与其同父异母的妹妹奥古斯塔·利乱伦所生。阿达"一点也不惊讶",并将这件事归咎于奥古斯塔,写道:"我觉得'她'比'他'更邪恶。"

布鲁斯·科利尔

阿达所做的工作一直存在争议,许多人都对她在项目中的作用不屑一顾。历史学家布鲁斯·科利尔写道:"可以毫不夸张地说,她过于高估自己的才能,对巴贝奇及其分析机的理解也很浅薄。"

▲ 据说,阿达为巴贝奇设计的分析机编写了一个算法

巴贝奇的上一个项目尚未完成,所以无法为分析机的研究筹集到足够的资金,但他决心推进分析机的发展。不久,他在意大利找到了知音。1842年,意大利数学家路易吉·梅纳布雷亚用法语发表了一篇关于机器功能的论文。阿达极具语言天赋,又擅长数学,是帮助巴贝奇翻译的最佳人选。她花了一年半的时间,翻译了梅纳布雷亚根据巴贝奇最新的计算机设计书《分析机概论》所留下的备忘录,并采纳巴贝奇的建议,在译文里加了许多注解。这本备忘录本身很有价值,但与阿达的注解相比,就有些相形见绌了。

阿达的注记颇具开创性,见解深刻,甚至超过了原著,其中某些观点经常被人引用,如"分析机编织代数图案,就像提花织机编织花朵和树

▲ 19世纪,阿达与威廉·金结婚,住在萨里郡的奥克姆公园

叶一样",这是一个特别女性化的说法,将用于科学计算的机器与提花织机做类比,深入浅出,清晰易懂。书中表述多为纯科学语言,同样适用于现代编程教科书。例如,她写道:"当调用任何变量的值时,可能会产生两种结果之一。"

阿达还使用了称为伯努利数的复杂数字序列的例子来证明机器可以以原始程序计算复杂序列。批评者用这句话来指责她,认为这证明了她注解中所表达的观点并非出自她本人,而仅仅是巴贝奇给她的信息的转述。事实上,阿达对微积分并没有完全理解,但即使伯努利数是巴贝奇的建议,她的假设原则也会得出同样的结论。阿达在翻译这本书时具有深刻见解,因此赢得了"世界上第一位计算机程序员"的美誉。

阿达认为自己首先是一位"分析员和形而上学者"。尽管她在科学领域才华横溢,成就卓著,但家庭生活却不尽如人意。1835年,阿达在与巴贝奇交往了两年后,嫁给了威廉·金——国王的第八位男爵,后来成

> 关于人工智能,阿达得出结论,计算机永远不会有独创性的想法。

盟友

查尔斯·巴贝奇

阿达17岁时经人介绍认识了博学的巴贝奇,二人结下了终身的友谊。巴贝奇称她为"数字女巫,对最抽象的科学施了魔法,并能够轻松驾驭,连男人都很少有这种能力"。

玛丽·萨默维尔

萨默维尔是科学家兼数学家,阿达小时候受教于她,对她甚为尊重和喜爱。她们一直通信,直到1852年阿达36岁去世。

金和图尔

他们竭尽全力维护阿达:"阿达能够依据正确公式独立编写程序,这一点从她对编程的深入理解,以及对巴贝奇编程符号的改进中可见一斑。"

为了洛夫莱斯伯爵。阿达和威廉育有三个孩子,第一个叫拜伦,生于1836年5月。弟弟妹妹紧随其后:1837年9月出生的安妮和1839年7月出生的拉尔夫。阿达患有身体和心理的疾病,包括霍乱。母亲安妮·伊莎贝拉控制着阿达全家的经济来源,他们都要仰她鼻息生活。再加上威廉控制欲很强,动辄就恶语相向,这与阿达友善且极度独立的天性相悖。

阿达死于子宫癌,年仅36岁,与父亲拜伦死于相同年龄,她母亲独自度过余生。在她去世后的几年里,科技领域取得了惊人的进步,她的预言也实现了。虽然她作者身份的真实性受到

阿达的父亲拜伦勋爵在她出生两个月后离开了她,与她母亲离婚,去意大利生活。

质疑,但她的科学发现对艾伦·图灵20世纪中期的作品意义非凡。她给世人留下了宝贵的精神财富。每年10月15日被定为"阿达·洛夫莱斯日",旨在提高女性对科学的认识和兴趣。阿达在很多方面都非比寻常,她的成就激励人们追逐梦想,努力奋斗。

1820—1910

弗洛伦斯·南丁格尔

她勇敢无畏，信念坚定，永远改变了全世界护理业的面貌

弗洛伦斯家境优越，本来不会做护士，也许她原本也不会成为了不起的人。她出生于19世纪20年代一个富裕的上流社会家庭，她的人生道路清晰可见。她会嫁给一个同样富有的上流社会的男人，成为妻子和母亲。幸运的是，弗洛伦斯打破了命运的安排，成了一个非凡的人，在历史上写下了浓墨重彩的一笔，也改变了我们的生活。

弗洛伦斯18岁时，陪父亲去欧洲旅行，其间，她遇到了玛丽·克拉克。虽然二人只有一面之缘，但克拉克却对弗洛伦斯产生了巨大的影响。克拉克直率、勇敢，不在乎自己的外表，对上流社会的女性也不屑一顾，觉得她们的生活毫无意义。弗洛伦斯第一次遇到这样的女性，觉得相见恨晚。克拉克告诉她，女性可以与男性平等，这与弗洛伦斯保守的母亲所给予她的教育大相径庭。

弗洛伦斯的母亲希望她的大女儿做个本分的女人，早日结婚组建家

> 弗洛伦斯小时候在数学和科学方面很出色。

西科尔妈妈

弗洛伦斯并非克里米亚战争中唯一一位杰出的护士,玛丽·西科尔也是其中一位。西科尔出生在牙买加,母亲是牙买加人,父亲是苏格兰人。母亲经营着一家残疾士兵寄宿所,她从母亲那里学到了护理技能。她周游世界,进行交流学习,将传统医学思想与欧洲医学思想结合起来。

1854年,她请求被派往前线,但遭到拒绝。然而,锐意进取的她没有就此放弃,而是自筹经费成行,并建立了"英国旅馆"来照顾生病的士兵。西科尔身上有着令人难以置信的无畏,她甚至亲身来到战场上照顾伤兵和濒死的重伤员。她受到士兵们的爱戴,士兵们称她为"西科尔妈妈",当时她的声誉与弗洛伦斯不相上下。

不幸的是,西科尔去世后,几乎被大众遗忘了,可能有人故意将黑人的事迹从历史中抹去。然而,到了21世纪,她成了声名显赫的人物,被追授荣誉,许多医疗机构以她的名字命名。尽管有人认为她对医学的贡献被夸大了,但在没有治愈方法的情况下,她确实尽了自己的努力减轻了士兵的痛苦。她端上来的热茶和柠檬水可能并没有挽救生命,但在最艰难的时刻,她仍然是一盏善良的明灯。

▲ 西科尔在2004年被评选为最伟大的英国黑人

庭。弗洛伦斯秀外慧中,是个理想的妻子,但她并不想一辈子就这样生活。1837年,弗洛伦斯坚信,自己受到了上帝的召唤,应该将生命奉献给他人,她要追求的人生道路就是护理,但这个追求遭到了父母的强烈反对。当时,护理被视为一种卑微职业,只有穷人、寡妇和仆人才会从事。父母反对弗洛伦斯去索尔兹伯里接受训练,希望她能打消这个念头,但她执意前往。一位男子苦苦追求她很久,但她认为,婚姻会妨碍护理事业,因此拒绝了他的求婚。她不顾父母的反对,刻苦学习护理知识,参观伦敦、巴黎和罗马的医院,努力提高护理技能。她游历了希腊和埃及,再次声称受到了神的召唤:"神在早晨召我来,问我是否可以代神行善,不求任何名利。"1850年,父母最终在弗洛伦斯钢铁般的意志面前屈服了,允许她去德国接受护士培训。

三年后,也就是在争取个人独立将近十年后,弗洛伦斯终于实现了做护士的理想,成为上哈雷街一家女子医院的院长。但她的工作经历远不止于此。1853年10月,克里米亚战争爆发。当时,弗洛伦斯从报纸上看到了伤者的可怕状况。1854年10月21日,她和一批志愿护士以及15名天主教修女被派往奥斯曼帝国。

到达斯库塔里之后,塞利米耶兵营的糟糕状况远超弗洛伦斯的想象。医护人员的护理水平很低并且过度劳累,药品严重缺乏,卫生标准完全谈不上,但官方却对此视而不见。医院的地板上堆积着一英寸厚的粪便,这令弗洛伦斯震惊,她迅速动员属下打扫医院,并尽可能让伤员得到衣食供应。

弗洛伦斯决定向政府求助,希望能够改善医院糟糕的医疗条件。她向《纽约时报》和政府呼吁,要求他们采取行动。很快,她的呼吁得到了回应，政府派出伦基奥医院进行援助。这所新医院在英国成立，政府将医院的设施运到了海外战场，很快将死亡人数降到了原来的十分之一以下。

弗洛伦斯改善了医疗环境，死亡率从42%降至2%，因此她请求卫生委员会贯彻这些改进措施。她建议，治疗前先洗手，以及注意其他一些容易被忽视的卫生习惯。医院的污水从下水道被冲走了，通风也得到了改善。这样一来，伤寒、霍乱和痢疾等疾病的死亡率大幅降低，之前死于这些疾病的士兵比死于战争的还多。

弗洛伦斯未因努力改善医疗环境而声名鹊起，但她细心照料伤兵的事迹令她成为医护领域的先驱。在弗洛伦斯护理的伤兵心中，她是权威人士。一名英国士兵写道："如果有人胆敢侮辱她……我绝对不会容忍。"《泰晤士报》的一篇文章中配了一幅弗洛伦斯拿着灯照顾病人的插图，她从此成了大名鼎鼎的"提灯女神"，旋即拥有了大批忠实粉丝。人们称她为"救助天使……当她苗条的身影沿着每一条走廊安静地前行时，那些可怜的面孔都因感激而变得柔和"。媒体大幅报道了她在克里米亚战争医院的事迹，因而有些崇拜者到她家门口去歌颂她。弗洛伦斯的形象甚至被印在了纪念品上，她成了维多利亚时代的名人。然而，她冷静看待这一切，并化名史密斯小姐，以免被崇拜者包围。

弗洛伦斯挑战传统，成为一名护士，她的事迹令人惊讶，她成了名人，影响力巨大。弗洛伦斯想好好利用这种影响力做些事情，因此，她从战场归来后就立即行动起来。她开始收集证据，并与坚定支持者维多利亚女王合作，说服政府成立皇家委员会，调查军队的医疗状况。弗洛伦斯和委员会得出结论，恶劣的生活条件是士兵死亡的主要原因，18000人中有16000人死于传染性疾病，这些疾病都是因卫生条件差才会流行的，属于可预防疾病。她专注于改善所有医院的卫生和生活条件，设立南丁格尔基金，帮助培训新护士。

弗洛伦斯通过南丁格尔基金筹集了4.5万英镑，在圣托马斯医院建立了一所培训学校，并于1865年5月在利物浦济贫院医务室工作。然而，她对医学最杰出的贡献也许是1859年出版的《护理笔记》。这本书不仅在她的学校供学生使用，也被那些在自己家里进行私人护理的人借鉴。弗洛伦斯希望每个人，无论阶级或能力如何，都能阅读这本书，并遵循其中的规定去做。在那个时代，这些卫生和健康的简单规则属于革

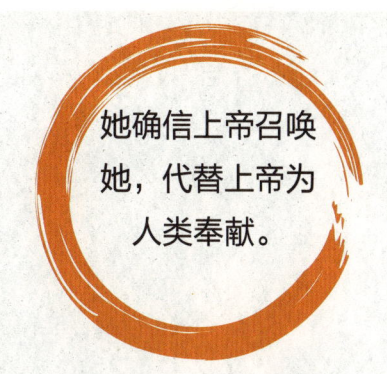

她确信上帝召唤她，代替上帝为人类奉献。

弗洛伦斯从报纸上看到伤者的糟糕情况，觉得自己必须采取行动。

▲ 弗洛伦斯在黑暗的医院里提着一盏灯,这产生了强烈的视觉效果,引起了全英人民的同情,令她一举成名

▲ 政治家西德尼·赫伯特与弗洛伦斯是密友，帮助她实现了职业生涯中的许多目标

命性的创新，这本书被认为是护理史上的经典之作，旨在帮助那些无力支付高昂私人护理费用的普通人照顾生病的亲戚和朋友。

弗洛伦斯决心帮助济贫院里的人。整个济贫院系统都是由健全的贫民照顾生病的贫民。一般来说，护士都被视为下等人，只有仆人和寡妇才干这一行，勉强维持生活。许多所谓的"护士"实际上对护理并不感兴趣，也没有表现出多少同情心。医院的情况更糟，令人绝望，地板上铺着吸管以吸收血液。从19世纪60年代开始，弗洛伦将训练有素的护士引入济贫院系统，这是堪称里程碑式的举动，使社会上最贫穷和最不幸的人终于得到了真正的医疗照顾，在国家卫生服务系统建立方面迈出了重要一步。

弗洛伦斯在护理行业的成就无与伦比，之所以这么说，是因为此前这个行业很难能得到人们的尊重。弗洛伦斯是一位受过教育的上流社会女性，有上流社会的朋友帮忙，也有实施变革的坚强意志。许多与她同时代的人都对她固执己见的性格议论纷纷，但正是这种坚毅性格助力她实现了理想，改变了护理行业的面貌。她影响了英国护理行业，而且美国也注意到了这位提灯女神的成就。美国联邦政府直接向弗洛伦斯寻求指导，并受其建议启发，创建了美国卫生委员会。弗洛伦斯还指导琳达·理查兹成为美国首位受过培训的护士，后来，理查兹建立了许多护理学校，并将弗洛伦斯的教育理念传播到了日本。到19世纪80年代初，弗洛伦斯培训的护士都是所在国主要医院的护士长，从圣玛丽医院到爱丁堡皇家医务室，甚至到澳大利亚悉尼医院。

荣誉勋章

皇家授予的荣誉勋章是为了表彰那些在军事、科学、艺术、文学、文化领域做出杰出贡献的人。该奖项由爱德华七世于1902年首次设立，只能由在位君主决定向谁颁发，每次最多可授予24人。自建立授勋制度以来，这一荣誉就很难获得，政客们为候选人在君主面前游说，但君主通常会谨慎做出决定。1907年，弗洛伦斯·南丁格尔成为首位获此殊荣的女性。然而，这不是弗洛伦斯因工作而获得的唯一荣誉勋章，她还是首位皇家红十字会的获奖人。这种特殊护理的军事荣誉可以说是维多利亚女王在1883年专门为她量身打造的。该奖项至今仍颁发给那些长期工作、全心奉献、能力超群、勇敢无畏的人。

弗洛伦斯的另一项重要成就是她致力于改善英国驻印度军队的健康状况。作为细菌理论的坚定拥护者，她坚持认为洁净的水源非常重要，并警告说，过度拥挤和通风不好是很危险的。她认为，如果印度人民的条件得到改善，那么印度军队的条件也会得到改善。她在印度辛勤工作并做了数据统计，基于她的统计分析，英国建立了一个研究印度情况的皇家委员会，此后印度的公共卫生得到了显著改善，驻扎在那里的士兵的死亡率从68‰下降到18‰。

除了医学，弗洛伦斯还对神学做出了一些有趣的贡献，她多次提及上帝在她的职业道德形成中起到的作用。她相信上帝赋予她的使命是奉献

▲ 维多利亚的儿子爱德华七世设立了荣誉勋章

▲ 在南丁格尔改变这一职业之前，护士的收入非常低

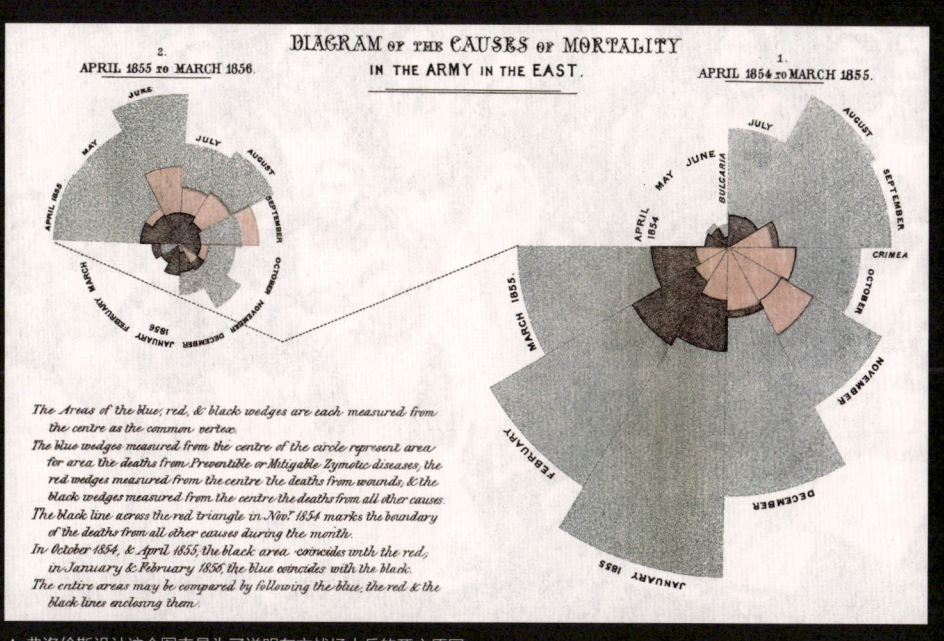

▲ 弗洛伦斯设计这个图表是为了说明东方战场士兵的死亡原因

数学天才

虽然许多人都记得弗洛伦斯是一位圣洁的护士，但她能拯救无数生命，也许依靠的不是同情心，而是数学天赋。弗洛伦斯从小就开始学习数学，尤其擅长记录和整理信息。

弗洛伦斯开拓创新，利用数学图表分析伤员死亡原因，成为统计、图表和信息视觉呈现的先驱。她经常使用饼状图，这在当时属于先进手段。她率先绘制了极地图。极地图也称为南丁格尔玫瑰图，该图可以清晰地显示患者死亡原因的数据。

图表能直观明了地展现调查结果，让政府官员和国会议员能够很快理解，他们不必再面对那些冗长复杂、无法理解的书面报告。1859年，为表彰她在统计学领域的巨大贡献，皇家统计学会接纳她为首位女性会员。她后来还成为美国统计协会的名誉会员。她擅长数学和统计学，并富有开拓精神，因此推动了医学的进步。

▲ 除了是"提灯女神"外，弗洛伦斯还被媒体称为"慈悲天使"

▲ 弗洛伦斯不辱使命，将自己的创新护理技术传授给广大护理工作者

> 她从战场归来，化名史密斯小姐。

自己的一生为他人服务。她相信最纯粹的宗教应该是对他人表现出仁慈和关心。她还坚信，所有死去的人，不管他们信仰什么宗教，都将进入天堂。我们知道这是一种信仰，她过去常常安慰那些在她照顾下死去的人，说上帝"比世上所有人都要仁慈得多"。

虽然她信奉基督教，但她坚决反对歧视其他宗教，相信所有宗教都鼓励人们努力工作。她坚信宗教信仰能够激励工作，她要求她培训的所有

▲ 弗洛伦斯经常代表将死的士兵写信，委婉地把不幸的消息告诉他们的家人

女权主义

女权主义者弗洛伦斯对女性持有令人难以置信的看法。总的来说,她认为女性不如男性能干,她的朋友几乎都是男性,尤其是有权势的人。她认为是男性帮助她实现了许多目标,而这些是女性力所不及的,她甚至把自己称为"行动派男人"。

尽管这种观点不受欢迎,但弗洛伦斯的工作确实改善了许多女性的处境,她已成为英国女权主义的核心人物。这是因为她写了大量的作品,她有能力跨越性别的障碍来实现自己的抱负。弗洛伦斯为职场女性提供了更多选择,拓展了她们的视野,让她们有机会摆脱家庭主妇的宿命。

弗洛伦斯对妇女权利做出的另一项重要贡献是废除了过于严厉的《传染病法》。根据该法案,警察可以逮捕妓女并强迫她们接受性病检测,任何被发现呈阳性的女性都会被关在医院以"保护男性"。弗洛伦斯发起了废除该法案的运动,并最终于1886年获得成功。

特别是在20世纪20年代和30年代,弗洛伦斯被视为英国女权主义者的偶像。尽管她可能没有特别考虑自己的性别,但她为改善世界各地女性的命运做出了一定的努力。

▲ 年轻的弗洛伦斯结识了玛丽·克拉克,这影响了她对女权主义的看法

▲ 弗洛伦斯在斯库塔里为受伤士兵写信

▲ 弗洛伦斯专注于工作，从不与男性发生亲密关系

护士都参加宗教仪式。但另一方面，她也并非盲目的信徒，她批评英国国教的一些做法，因为那些做法经常令穷人的状况变得更糟，她甚至说，普通医院比宗教机构更会为病人提供好的护理。很明显，她思想开明，勇于接纳新锐不同的观点，尤其在她所处的那个时代，这更难能可贵。她最关心的不是如何实现自己的主张，而是努力使社会上最不幸的人得到应有的照顾和安慰。

尽管弗洛伦斯积极进取，但也难逃自然规律。从1857年起，她就因感染布鲁氏菌而卧床不起，后来又患上了抑郁症，但她仍然没有停止工作，继续从事世界各地医院的规划工作。在她生命的最后十年里，因为逐渐失明、智力衰退，她的工作效率渐渐下降。1910年8月13日，在伦敦梅费尔的家中，弗洛伦斯在睡梦中去世，享年90岁。由于她对医学的巨大贡献，她的家人收到了将她安葬在威斯敏斯特教堂的邀请，但家人婉拒了。后来，她被安葬于汉普郡韦洛的圣玛格丽特教堂墓地。

今天看来，弗洛伦斯对护理的贡献巨大，无法言表。她是现代护理学的奠基人，开创了同情患者的护理文化，倡导勤勉的医院管理，这些理念一直沿用至今。弗洛伦斯·南丁格尔奖章成立于1912年，是护士这一职业的最高国际荣誉。与医生宣誓的希波克拉底誓言类似，弗洛伦斯·南丁格尔誓言是由护士在培训结束后举行的授徽仪式上宣读的。虽然誓言不是弗洛伦斯亲自所写，但正是她那无畏与尽职的精神构成了誓言的基础。无数的医院用她的名字命名，各地竖立起了纪念碑，戏剧、电影和电视节目聚焦于她的生活和工作。弗洛伦斯性格倔强，追求梦想，挑战传统，这都是人类无畏精神的体现。她的工作永远改变了人们对护士的观念，同时，她也敦促政府采取行动。她穷尽一生挽救了无数人的生命，使他们远离病痛的折磨与对死亡的恐惧。

▲ 5月12日是弗洛伦斯的生日，后来被定为"国际护士日"

1867—1934

玛丽·居里

玛丽·居里（居里夫人）是核物理和化学领域的先驱，她对医学和其他领域都做出了巨大贡献

她创造了"放射性"一词；她是第一位获得诺贝尔奖的女性，并两次获得诺贝尔奖。

玛丽·居里探索了放射性物质的性质，发现了两种元素：镭和钋。她发现X射线可以用于癌症的诊断，并将这一研究成果应用于医学领域。她成就卓著，而更引人注目的是她作为一名女性，在一个由男性主导的职业领域取得了巨大成功，其智商之高、科研能力之强，毋庸置疑。

玛丽·居里原名玛丽亚·斯克沃多夫斯卡，出生在当时属于俄罗斯帝国的华沙市。她是家里的第五个也是最小的孩子。父母都是追求学术的教育家。玛丽亚10岁时，母亲死于肺结核。他们家族支持波兰民族主义运动和起义，然而这导致家族损失大量财产，陷入经济困境。玛丽亚最初在当地学校接受教育，父亲是数学兼物理教师。因为当时俄国当局限制学校进行实验室教学，所以父亲把实验室设备带回家教孩子们做实验。

玛丽亚是个天才，中学成绩优异。然而，大学不录取她，因为她是女性。于是，她和姐姐布罗尼施拉娃（Bronislawa）一起进入了一所秘密学院，在当局的视线之外上课，也支持波兰民族主义理想。两姐妹都希望接受高等教育，因此她们达成了一项协议：玛丽亚先支持布罗尼施拉

> 她一生中获得过两次诺贝尔奖，一次是物理奖，一次是化学奖。

▲ 1911年，在布鲁塞尔召开的国际物理会议可能是有史以来最令人敬畏的科学家聚会

娃上学并获得学位，然后姐姐再回报她。之后的五年里，玛丽亚做了家庭教师，并爱上父亲家的一个远亲，但对方家人拒绝接纳她，这令她心碎不已。

1891年，玛丽亚（法文名字为玛丽）在巴黎加入了姐姐和姐夫的行列，进入索邦大学。经人介绍，她结识了很多地位显赫的物理学家和化学家。在他们的感召下，玛丽孜孜不倦地学习，获得了物理学和数学的学位证书，并在实验室协助物理学家和发明家、后来的诺贝尔奖得主加布里埃尔·利普曼。超长的工作时间使玛丽的身体健康受损，她的饮食也很简单，仅仅喝茶、吃面包和黄油对付一下。就这样，三年内她实现了自己的目标。1894年，玛丽受民族工业鼓励协会的委托，对多种类型钢的磁性进行研究。据说，当时她需要一个实验室来工作，于是，经物理学家约瑟夫·科瓦尔斯基介绍，与皮埃尔·居里结识了。那年夏天，玛丽回到波兰看望家人，希望在克拉科夫大学获得一份体面的教师工作，无奈，性别歧视再次粉碎了她的理想。皮埃尔说服她回到巴黎，并于1895年7月26日与她结婚。这种特殊的科学合作关系为日后二人的巨大成就奠定了基础。

在那个科学发现的黄金时代，玛丽找到一个值得进一步研究的课题，并撰写了一篇论文。1895年，德国工程师兼物理学家威廉·伦琴发现了X射线的存在；次年，法国物理学家亨利·贝克勒尔在研究铀时检测到了类似射线。这些科学发现引起了玛丽的极大兴趣。射线不依赖于外部能源，显然，它们是铀本身产生的。

▲ 1902年，玛丽和皮埃尔、大女儿伊雷娜坐在一起。小女儿艾芙出生于1904年
▼ 1925年，玛丽发表了关于放射性的演讲

皮埃尔·居里的悲剧之死

1906年4月19日,天空下着绵绵细雨,皮埃尔·居里刚刚在巴黎与几位专业人士共进午餐,正准备赴另一个约会。他想快速穿过新桥附近的大奥古斯丁码头和多芬街的十字路口,这可是城市中最危险的十字路口之一。据报道,这里平时总有两名警察驻守在十字路口指挥交通。然而,今天警察却不在场,悲剧发生了。皮埃尔步入马车的轨道,立即被撞倒在马车轮子下,颅骨骨折,很快就不治身亡。

玛丽得知丈夫去世的消息,顿感五雷轰顶,但仍强作镇静。有人认为是皮埃尔粗心大意,走路太匆忙,才导致了悲剧。皮埃尔的父亲得知这个噩耗后说:"这次他又在做什么梦?"据报道,皮埃尔的实验室助理也发现,他平时走路和骑自行车时经常注意力不集中,"想着其他事情"。

玛丽利用皮埃尔和他弟弟15年前开发的分光计,确定目前的放射性水平完全取决于所研究的铀的数量,无论元素的形式如何,放射性保持不变。她得出结论,能量是铀原子结构的产物,而不是分子之间相互作用的产物,由此产生了原子物理领域。

玛丽将新发现的能量形式命名为"放射性",并开始研究其他具有类似性质的矿物。她发现矿物沥青铀矿(现在被称为铀矿)是进行进一步研究的理想材料。皮埃尔停止了手头上的其他工作,与玛丽共同研究这个课题。1898年夏天,居里夫妇发现了元素钋。那年年底,他们发现了第二种元素镭。皮埃尔专注于研究放射性的物理性质,而玛丽则致力于分离处于金属状态的镭。

居里夫妇和贝克勒尔于1903年12月共同获得诺贝尔物理学奖,以表彰他们对"辐射现象"的合作研究。最初只有皮埃尔·居里和贝克勒尔获得提名,但皮埃尔向瑞典皇家科学院提出申诉,玛丽才得以成为首位获得诺贝尔奖的女性。那年,居里夫妇还获得了由伦敦皇家学会颁发的戴维勋章。

1906年,皮埃尔在巴黎的一条街道上遭遇车祸身亡。玛丽深受打击,但她振作精神,继续进行研究,接替已故丈夫担任巴黎大学物理系主任。四年后,她成功地分离出纯金属镭。她在国外出生,持无神论宗教观,因而遭到右翼的批评。再加上很多人怀疑她是犹太人,而当时正值反犹太主义浪潮高涨时期。此外,据传1911年,她与丈夫生前的学生有一段风流韵事,而那个男人因此与妻子分居。尽管她因为一些个人生活而卷入法国仇外时期的丑闻,但其科学贡献却是无可否认的。同年,她因发现钋和镭以及分离镭而获得诺贝尔化学奖。

作为首位在两个不同领域均获得诺贝尔奖

▲ 虽然皮埃尔·居里英年早逝,但他对早期辐射研究做出了不可磨灭的贡献

居里夫妇于1895年7月26日结婚，这种特殊的科学合作关系为日后二人的巨大成就奠定了基础。

（1903年的物理奖、1911年的化学奖）的人，居里夫人享有极高威望。1914年，巴黎大学也因居里夫人的成就而获得了政府支持，成立了镭研究所。该研究所至今仍在医学、化学和物理领域处于领先地位。第一次世界大战时期，居里夫人倡导用放射知识救护伤员，推动了放射学在医学领域里的运用。她研究在汽车底盘建立移动X射线装置，后来在女儿伊雷娜的帮助下，这些被称为"小居里"的装置在战场上挽救了许多生命。

"一战"结束后，玛丽继续进行放射性材料和化学研究。1921年，她前往美国为镭研究所筹集资金，在抵达纽约时受到热烈欢迎，并出席了在安德鲁·卡内基夫人家中举行的午餐会，以及在华尔道夫酒店和卡内基音乐厅举行的招待会。在华盛顿特区，沃伦·G.哈丁总统赠送给她一克镭，并赞扬她"以非凡的才智在科学领域取得了巨大成就"。

玛丽发表演讲，并成为国际联盟赞助下的国际知识合作委员会的成员。她为已故丈夫撰写了一本传记，并于1925年返回祖国，在华沙建立镭研究所。1929年，她再次前往美国，筹集资金装备了新的实验室，该实验室于1932年开放，她的姐姐布罗尼施拉娃担任第一任主任。20世纪30年代，粒子加速器被开发出来，而在此之前，要想进行持续的原子研究，只能取决于放射

女儿的贡献

伊雷娜·朱利奥特·居里是皮埃尔和玛丽的大女儿，她也是一位杰出的科学家。凭借对原子性质的研究，她与丈夫弗雷德里克·朱利奥特·居里一起获得了1935年的诺贝尔化学奖。

这对夫妇最大的发现是，将以前稳定的物质暴露在辐射中，会使物质本身具有放射性。科学家们用α粒子轰击一条薄铝带，在这种情况下，α粒子是氦原子核。当外部辐射源被移除时，铝继续发射辐射，因为铝原子已转化为磷的同位素。这就是人工辐射。人工辐射的发现促进了放射学的进一步研究和同位素在医学治疗中的应用，并在很大程度上取代了从矿石中提取放射性同位素的昂贵过程。伊雷娜和弗雷德里克的科研成果也促进了核裂变过程的发现。

随后的几年，伊雷娜成为巴黎镭研究所所长，夫妇二人都是法国原子能发展的领导者。由于多年遭受辐射，伊雷娜于1956年死于白血病。

▲ 伊雷娜与丈夫进行了里程碑式的实验，发现了人工辐射

▲ 玛丽·居里于1900年前后在实验室

性材料的可用性。玛丽意识到保持持续的原子研究的重要性，这促进了大女儿伊雷娜及其丈夫弗雷德里克·朱利奥特·居里的科学发现。

多年长期暴露在放射性物质中对玛丽的健康造成了严重损害。当时人们对辐射暴露的影响知之甚少。玛丽经常把装有放射性物质的试管放在衣服的口袋里，放在书桌的抽屉里。据说，她还曾经对这些试管所发出的柔光发表过评论，但她从未意识到它们潜在的杀伤力。在第一次世界大战期间，她在操作X射线设备时也受到了辐射。早在1912年，她就因抑郁症暂时丧失了行动能力，并因肾病做了手术。玛丽由于受到辐射，患上了白血病，于1934年7月4日在巴黎去世，被安葬在丈夫皮埃尔的身边，享年66岁。

玛丽·居里在物理和化学领域是一位杰出人物。她的开创性成就也为后世女性赋予了力量。

▲ 玛丽·居里和皮埃尔·居里的陵墓现在位于巴黎的潘塞翁，许多伟大的法国科学家和名人都安葬在这里

▲ 玛丽和皮埃尔在实验室

1920—1958

罗莎琳德·富兰克林

这位"科学黑娘子"的贡献是解开了DNA之谜

罗莎琳德·富兰克林（Rosalind Franklin）在科学界并没有那么受欢迎。男同事给她起了个绰号叫"黑娘子"，因为他们觉得她充满敌意和麻烦。这个绰号是不是她性格的真实写照呢？很难下结论。可能是因为父权主义对女性的偏见？然而可以肯定的是，她生活在这些男人的阴影之下。

1920年，罗莎琳德出生于伦敦。她就读于圣保罗女子学校，这是当时英国为数不多的教女孩学习化学和物理的学校。她擅长化学和物理，15岁就立志成为一名科学家。父亲试图劝阻她，因为他知道，女性从事这个行业并不轻松。但罗莎琳德固执己见。1938年，她被剑桥大学录取，攻读化学专业。

毕业后，罗莎琳德在英国煤炭利用研究协会工作。此时，第二次世界大战正如火如荼，罗莎琳德决心为战争做些事情。她对煤的物理结构进行研究，这对开发英国士兵的防毒面具至关重要。她也因此获得了物理化学博士学位。

1946年，罗莎琳德搬到巴黎，为雅克·梅

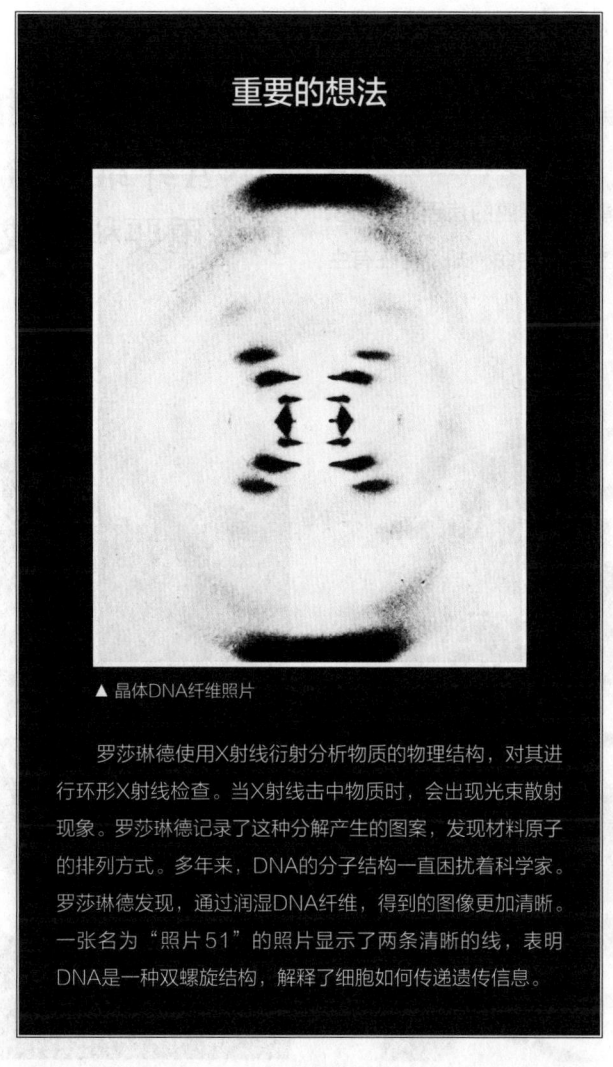

重要的想法

▲ 晶体DNA纤维照片

罗莎琳德使用X射线衍射分析物质的物理结构，对其进行环形X射线检查。当X射线击中物质时，会出现光束散射现象。罗莎琳德记录了这种分解产生的图案，发现材料原子的排列方式。多年来，DNA的分子结构一直困扰着科学家。罗莎琳德发现，通过润湿DNA纤维，得到的图像更加清晰。一张名为"照片51"的照片显示了两条清晰的线，表明DNA是一种双螺旋结构，解释了细胞如何传递遗传信息。

林担任研究员。梅林是一位晶体学家，他利用X射线衍射来计算物质中原子的排列。在这里，她学到了许多技术，为日后的研究奠定了基础。

5年后，罗莎琳德被任命为伦敦国王学院生物物理系的研究助理。她来到实验室时，莫里斯·威尔金斯正好前去度假。莫里斯回到国王学院之后，便与罗莎琳德产生误会。莫里斯认为她是自己的助手，而罗莎琳德则认为莫里斯不应干涉自己的工作。这个误会使二人从此不睦。

尽管在实验室工作关系紧张，但罗莎琳德还是获得了重要的科研成果，与博士生雷蒙德·戈斯林一起拍摄了晶体DNA纤维的高分辨率照片。多年来，莫里斯和他的两个朋友弗朗西斯·克里克和詹姆斯·沃森一直努力想拼凑出DNA的结构，但都失败了。而罗莎琳德和雷蒙德只拍了一张照片，简单命名为"照片51"，就揭开了谜底。

未经罗莎琳德允许，莫里斯就拿走了罗莎琳德拍的那张"照片51"，并将其展示给朋友沃森和克里克。这解开了困扰他们很久的谜题，即DNA是一个双螺旋结构。莫里斯、沃森和克里克一起公布了这项科研成果，却没有提及罗莎琳德的贡献。他们于1962年被授予诺贝尔医学奖。

1958年，罗莎琳德的命运发生了悲剧性转折，她死于卵巢癌，年仅37岁。医生认为，长期暴露在X射线下可能是卵巢癌的病因。她为了科学事业献出了自己宝贵的生命，却没有在有生之年得到任何回报。

> 罗莎琳德拍摄了晶体DNA纤维高分辨率照片，获得重要科研成果。

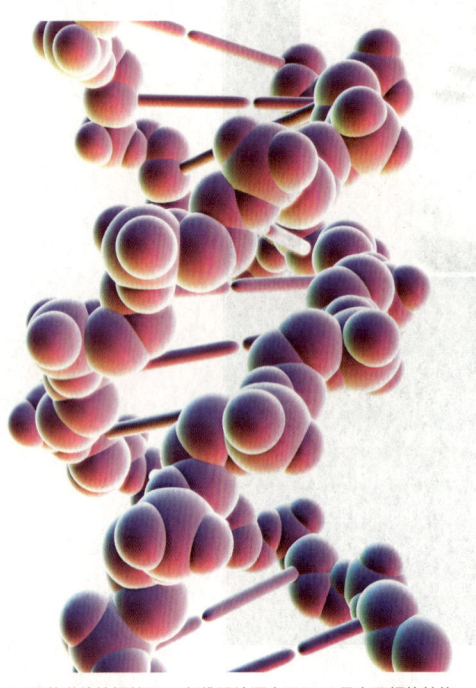

▲ 罗莎琳德拍摄的DNA纤维照片证实了DNA具有双螺旋结构

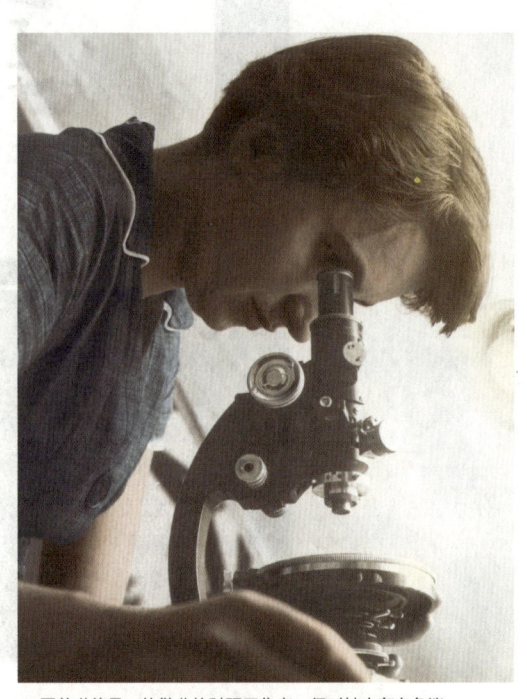

▲ 罗莎琳德是一位敬业的科研工作者，但对她也存在争议

大事年表

1920年 罗莎琳德出生在伦敦一个富裕的犹太家庭。

1938年 开始在剑桥大学纽纳姆学院学习化学。

1945年 研究煤结构，获得物理化学博士学位。

1946年 搬到巴黎，为晶体学家雅克·梅林担任研究员。

1951年 去伦敦国王学院，与莫里斯·威尔金斯一起担任研究助理。

关于罗莎琳德的5件事

1 螺旋形 DNA 之 "死"
罗莎琳德亲自做实验，证明DNA不是螺旋形结构，甚至有一次她给同事们发了一份通知，宣布螺旋形DNA的"死亡"。

2 DNA 之外的研究
除了研究DNA分子外，罗莎琳德还对烟草花叶病毒和脊髓灰质炎病毒进行了开创性的研究。

3 女权被打击
在国王学院，性别歧视盛行。罗莎琳德在一封写给父母的信中说，她的一位讲师"很好，尽管是女性"。罗莎琳德因此还被指控歧视女教师。

4 永不放弃
罗莎琳德在抗癌同时，仍孜孜不倦地工作，甚至获得晋升。

5 无缘诺贝尔奖
人们认为诺贝尔奖也应该颁给罗莎琳德。然而50年后，当年的诺贝尔提名名单公布时，人们惊讶地发现，她甚至没有获得提名。

1952年
罗莎琳德和她的助手雷蒙德·戈斯林拍摄了"照片51"，证明DNA具有螺旋结构。

1953年
莫里斯将"照片51"展示给他的朋友詹姆斯·沃森和弗朗西斯·克里克，他们一起公布了这项科研成果。

1955年
罗莎琳德研究发现，烟草花叶病毒颗粒的长度都是相同的。

1957年
罗莎琳德在卵巢癌治疗期间开始研究脊髓灰质炎病毒。

1958年
罗莎琳德因癌症离世，年仅37岁。但遗憾的是，她的突破性科研成果却无人知晓。

1934—

简·古多尔

意志坚定,坚持不懈,全情投入,
这位女性因此成为世界顶尖科学家

现代社会,成功离不开教育和经验,因此很难想象,纯粹的热情也能让人梦想成真。对于简·古多尔(Jane Goodall)来说,她的故事就是始于热情。1934年4月3日,简出生于伦敦,对动物总是充满热情。她还不会开口说话的时候,就收到了一个可爱的玩具黑猩猩,这是伦敦动物园为庆祝一只新黑猩猩的诞生而出售的。简对这个玩具黑猩猩一见钟情,给它取名朱比利,走到哪里都带着它。

5岁的简酷爱小动物,决心了解与她共享环境的生物。简梦想着环游世界去观察动物、描写动物。母亲得知后,没有像一般妈妈那样去劝阻女儿放弃这个梦想,而是鼓励她说:"如果你真的想实现梦想,就要努力学习,抓住机会,永不放弃。"

不幸的是,简田园诗般的幸福生活走到了令人心碎的终点。第二次世界大战使简的父母聚少离多,1945年她父亲回来后,他们就离婚了。尽管怀揣梦想,但简上不起大学,只能去读秘书学院。她毕业后换了几份工作,1956年,她找到了一份将永远改变她生活的工作。

1957年4月2日,简应邀参观一位朋友在肯尼亚的农场,她趁机乘船前往非洲。抵达后,她遇到了著名的人类学家路易斯·利基博士,他很欣赏简的热情和智慧。他随即聘请简为秘书,协助自己和妻子做研究。利基发现简很有潜力,于是就建议简研究灵长类动物。

"根与芽"计划

为了鼓励人们关心周围的世界,简于1991年制定了"根与芽"计划。经过几十年的不懈努力,简认识到,不仅要保护黑猩猩的栖息地,还要保护当地人的居住地,因为人和动物的家园都经常被摧毁。"根与芽"计划是一个旨在激励大家立即采取行动拯救环境的青年组织,希望通过活动和教育来培养富有同情心、体贴周到的未来领导者。

▲ 2003年,简在宾夕法尼亚州的"根与芽"活动上发言

1960年,经利基引荐,简获准在贡贝国家公园观察灵长类动物,并获得了为期半年的资助。在这里,简惊奇地发现,黑猩猩能够使用并制造工具,还爱吃动物的肉。于是,她发表了研究报告。但是,这一研究成果遭到质疑。据美联社报道,这位没有受过科学训练的"瘦弱的金发女郎"能有什么科学发现?但随着时间的推移,她的研究成果得到了认可。1961年,她被英国剑桥大学录取。1965年,她对黑猩猩群体生态学的观察和研究成果使她获得了剑桥大学的动物行为学博士学位。

与此同时,《国家地理》杂志决定支持简的工作,派摄影师雨果·范·拉威克(Hugo van Lawick)男爵前往贡贝。简与黑猩猩的互动首次被记录下来,并与她的研究一起发表在杂志上。简在贡贝的重要工作改变了科学家对黑猩猩的思考方式。对简来说,她对黑猩猩的研究让她看到了另一个更重要的事情:保护这些动物及其环境。今天,简周游世界,宣讲她对黑猩猩的研究,呼吁人们保护黑猩猩。如今,简已经80多岁了,她的事迹鼓励了许多女科学家。

简的重要贡献是改变了科学家看待黑猩猩的方式。

▲《国家地理》杂志派了一位摄影师拍摄简的工作和生活

大事年表

1935年
简1岁时，得到了一个名叫朱比利的黑猩猩毛绒玩具。

1952年
简高中毕业后进入秘书学院，1952年毕业。

1957年
简动身去肯尼亚。在那里，她遇到了路易斯·利基博士，并被聘请为他的秘书。

1960年
为了向利基博士证明自己的实力，简开始研究黑猩猩。

1961年
大卫·格雷彼尔德是简一直在观察的一只重要的黑猩猩，她以惊人的耐心获得了它的信赖，融入了黑猩猩的群体之中。

关于简的五件事

1 无名氏
1962年,简在剑桥大学就读期间,给黑猩猩起名字,谈论它们的性格,因而受到惩罚。科学家们认为,黑猩猩只有数字代号,不应该有名字。

2 反对狩猎
尽管有人声称狩猎是在尝试保护环境,但简坚决反对这种说法,因为没有可靠证据表明狩猎有助于保护环境。相反,事实证明,猎杀动物会对其生态圈产生巨大影响。

3《人猿星球》
电影《人猿星球》重新开拍时,简为人类与黑猩猩的关系提供了建议。简后来称,这部电影令她非常感动,尤其是安迪·塞基斯的表演。

4 至死不渝的爱情
在与雨果离婚后,简与坦桑尼亚国家公园主任德里克·布莱森结婚。不幸的是,3年后,他死于癌症,简从此没有再婚。

5 救助被遗弃的黑猩猩
早在1992年,简就参与了一项营救任务,救助一只名叫格雷戈尔的黑猩猩。从1945年起,格雷戈尔就被独自关在刚果共和国布拉柴维尔动物园的笼子里。简到笼子前时,笼子门已经锈坏了。

1961年
简被剑桥大学的一个专项项目录取,攻读博士学位。

1962年
男爵雨果·范·拉威克为简和黑猩猩拍照。两年后二人结婚。

1974年
简离婚后,继续观察黑猩猩部落之间的争斗。有些黑猩猩甚至吃同伴。

1977年
简·古多尔研究所成立,旨在帮助人们了解森林保护区。

2002年
经过不懈努力,简被授予"联合国和平使者"称号。

美国国家航空航天局被遗忘的天才们

这些"女电脑"助力美国探索星空

影片《隐藏人物》讲述了美国国家航空航天局这些"女电脑"的故事

▲ 多萝西·沃恩（最左边），与国家航空咨询委员会的另外两台"女电脑"合影

▶ 凯瑟琳·约翰逊，1966年摄于美国国家航空航天局

1937年，凯瑟琳·约翰逊于大学毕业，但她能选择的职业很有限。尽管她是一位才华横溢的数学家，但女性和非洲裔美国人这两个身份使她很难找到工作。于是她做了一名教师，这是她能从事的为数不多的行业之一。20年后，她已经成为世界两大超级大国太空竞赛的核心人物。最终，她以过人的能力帮助人类登上了月球。

在妇女获得选举权之前，在民权运动给予非洲裔美国人发言权之前，像约翰逊这样的女性不仅遭到歧视，而且在工作场所也必须服从隔离政策。尤其是在20世纪初的弗吉尼亚州，对非洲裔美国人极不宽容，是美国种族主义最严重的州之一。尽管国会于1919年通过了《美国宪法第十九修正案》，赋予女性投票权，但弗吉尼亚州直到1952年才批准这项法案。那时，其他州的女性已经可以投票，甚至担任公职30多年了。

然而，在弗吉尼亚州的兰利研究中心，情况却有所不同。美国首个航空实验室成立于1917年，在20世纪50年代成为美国太空计划的发源地。这里是美国国家航空航天局的宇航员接受训练的地方。兰利研究中心是弗吉尼亚州的一个理性之岛，这里非常重视且允许和鼓励前瞻性思维。但是，兰利研究中心违反了弗吉尼亚州的法律，包括针对妇女和非洲裔美国人的政策。

20世纪30年代，由于只有几百名工程师在册，并且需要额外的人力资源，国家航空咨询委员会（1958年更名为美国国家航空航天局）开始雇用女性来筛选数据和进行计算。这里使用所谓的"女电脑"并非史无前例。在天文学领域，女性已经工作了几十年，并推进了许多开创性的研究。值得注意的是，1912年，哈佛大学一位名叫亨丽埃塔·斯旺·莱维特的女天文学家发现，某些类型的脉动恒星可以用作宇宙中的距离标记。她的这一惊人发现表明，在浩瀚的宇宙中，

然而，按照种族隔离法的规定，新入职的黑人女性必须与白人女性同事分开。

我们的星系并不是唯一的。

雇用女性工作使兰利研究中心和女性都受益。对于该中心来说，女性是核心人物，她们测量和计算风洞试验的结果。1942年的一份备忘录中写道："男性工程师们承认，'女电脑'比自己能更快、更准确地完成工作。"反过来对于女性来说，她们很喜欢这份工作，因为比从事其他职业（如教师）薪水高。第一位受雇女性是珀

▲ 1962年2月20日，第一位绕地球轨道飞行的美国人约翰·格伦乘坐"友谊7号"进入太空

尔·杨，她于1922年被聘为兰利研究中心的物理学家。她撰写的技术报告通俗易懂，使国家航空咨询委员会的工作走进大众视野。由于工作成绩突出，她成为首席技术编辑。

第二次世界大战爆发后，健康男性都应征入伍了，于是，兰利研究中心开始雇用黑人女数学家。罗斯福总统也发布了第8802号行政命令，在美国重要的国防工业部门，禁止种族和宗教歧视。然而，按照种族隔离法的规定，新入职的黑人女性必须与白人女性同事分开，被分配到"西区计算机"部门。人数最多的时候，大约有200名女性为国家航空咨询委员会做计算工作，其中大约70人是非洲裔美国人。这些优秀员工令该中心印象深刻，因此，战争结束后，该中心继续雇用"女电脑"。

20世纪50年代，美国和苏联开始冷战，太空竞赛愈演愈烈，国家航空咨询委员会也参与了火箭研究。兰利研究中心被赋予了全新的意义，它要帮助美国人进入太空，争取霸权。这项研究一直不疾不徐，进展平稳。1957年10月4日，苏联创造了历史，将世界上第一颗人造卫星"斯普特尼克1号"送入轨道。自此，美国决定奋起直追，超越苏联。国家航空咨询委员会被重新定位，更名为美国国家航空航天局，这场太空竞赛进入了胶着阶段。

在此期间，三位杰出的非洲裔美国女性在兰利研究中心工作，她们的成就终于在传记大片《隐藏人物》中得到了认可。虽然只有其中一人直接参与了将人类送往太空的工作，但三位女性的共同努力，使兰利研究中心成为太空探索领域的世界领导者之一，使人们对女科学家的看法得以根本性改变。

多萝西·沃恩于1943年被国家航空咨询委员会聘用。事实证明，她是一位非常能干的人事经理，知人善任。当时，"西区计算机"部门的白人女性主管生病，多萝西·沃恩担任了三年代理主管，之后转正。美国国家航空航天局首席历史学家兼《隐藏人物》电影顾问比尔·巴里这样评论她："多萝西·沃恩是美国国家航空咨询委员会和国家航空航天局的第一位黑人女性主管，她很有正义感，也勇于承担责任，在很多方面都很出色。"多萝西·沃恩经常为了保护她的团队，而不考虑个人得失。

玛丽·杰克逊刚进入兰利研究中心时在"西区计算机"部门工作，她拥有数学和物理学位，还非常喜欢机械。比尔·巴里说，她最终将成为第一位黑人女工程师，甚至是兰利研究中心的第一位女工程师，"这在当时很罕见"。

据比尔·巴里称，就智商而言，三人中最杰

▲ 奥巴马总统向凯瑟琳·约翰逊颁发"总统自由勋章"

"女电脑"的历史

在现代电子计算机出现之前,"电脑"一词意为"计算某物的人",早在17世纪就已进入词典。这项工作很乏味,需要筛选数据和进行计算,而且一般由男性完成。

然而,19世纪末,哈佛大学的天文学家爱德华·查尔斯·皮克林开始雇用女性做这类工作,被称为"皮克林的后宫"。可见当时女性的地位之低。她们的工资只有男性的一半,但她们绘制了宇宙地图。

自此以后,包括美国国家航空航天局在内的许多机构都开始雇用女性数学家从事这类工作。虽然不能出名,但在20世纪初,女性也获得了很好的工作机会。电子计算机问世后,这些人又做了程序员或工程师。第二次世界大战期间,男性劳动力严重短缺,雇用女性的情况很普遍,这就为许多女性打开了就业大门。例如,1944年,格蕾丝·霍珀就是史上最早的计算机程序员之一。由于她在人类登月方面做出突出贡献,2016年11月22日,她与计算机科学家玛格丽特·汉密尔顿一起被奥巴马总统授予"总统自由勋章"。影片《隐藏人物》中的三个主角之一凯瑟琳·约翰逊,在2015年也获得了"总统自由勋章"。

▲ 1964年,梅尔巴·罗伊成为美国国家航空航天局的一台"女电脑"

出的可能是凯瑟琳·约翰逊。她对数字异常敏感,能够发现别人忽略的东西。她曾经说:"通往道路的台阶,通往教堂的台阶,我洗的盘子和银器的数量……任何可以数的东西,我都会数。"在午休时间,她会仔细阅读太空技术手册,弄清楚哪些是上级要做的工作,而自己又应该如何配合上级顺利完成工作。

宇航员约翰·格伦被送入太空是这些"女电脑"的重大贡献。1961年4月12日,苏联率先将一名男宇航员尤里·加加林送入太空,震惊了世界。3周后,1961年5月5日,美国人艾伦·谢泼德作为美国水星计划的第一批宇航员进入太空,成为首位进入太空的美国宇航员。但是美国知道,自己已经落后于苏联,必须全力追赶。苏

▲ 20世纪50年代,美国国家航空咨询委员会的一组"计算机"(前排)。玛丽·杰克逊在最右边

联在这场竞赛中接连领先,有可能率先登上月球,实现太空竞赛的"最终目标"。

谢泼德执行的是亚轨道飞行,这意味着他的航天器只是进入太空并返回地球而没有进入轨道,而加加林执行的是轨道飞行。之后,古斯·格里索姆又执行了一次亚轨道飞行,其目标是在1962年让格伦进行轨道飞行,与苏联匹敌。凯瑟琳·约翰逊参与了这项计划。她是计算飞行轨迹的专家,为谢泼德的飞行做了精密而复杂的计算。为了实现轨道飞行,美国国家航空航天局开始使用计算机。然而,计算结果并不可靠,软件也无法满足需求。

比尔·巴里解释说:"格伦即将执行飞行,但问题是电脑能否准确地计算出我们想要的结果。"格伦飞行的问题如何解决?只能"让'女电脑'计算一下"。因此,凯瑟琳·约翰逊手动计算出结果,并确保其正确性。凯瑟琳·约翰逊花了一天半的时间进行了数百万次的计算。最后,她的计算结果与计算机一致,飞行任务得以顺利执行并大获成功。八年后,美国率先登上月球。

约翰逊的工作对后来的阿波罗任务也至关重要,包括解决连接两个航天器所需的交会和对接技术问题。这对于将登月舱与轨道上的指挥舱对接,使登月人员重返地球至关重要。比尔·巴里说:"如果你问她,她会告诉你这是她最重要的工作,确保这些计算得以进行,这样他们就可以在月球轨道上会合。"约翰逊的工作甚至为现代太空飞行提供了基础,今天仍在使用的许多相关数学计算都得益于她的贡献。她还写了一份关

▲ 从左到右，影片《隐藏人物》中的沃恩、约翰逊和杰克逊

▲《隐藏人物》中的凯瑟琳·约翰逊，由塔拉吉·亨森扮演

▲ 在兰利研究中心,一名"女电脑"正在用显微镜收集数据

她是轨道几何学专家,负责计算太空中两地间的距离。

于这一主题的技术报告,只是标题有些烦琐——"如何在既定地球方位确定安置卫星的位置"。

然而,这一切说明了一个重要问题,就是兰利研究中心是一个反性别歧视和反种族歧视的地方。在那里,女性可以自由聊天,不分种族。而在外面,她们甚至无权在餐馆里坐下来聊天。比尔·巴里说,20世纪50年代末的一个晚上,美国国家航空航天局的一位工程师在弗吉尼亚州汉普顿市中心看到有人骚扰一名在兰利研究中心工作的非洲裔美国人,这位工程师过去阻止,却被关进了监狱。比尔·巴里补充道:"我认为这可以说明,兰利研究中心在反种族和反性别歧视方面与当时的主流社会存在巨大反差。"

这三位女性长期没有得到足够的重视,但她们作为美国国家航空航天局的先驱产生了深远的影响。例如,玛丽·杰克逊就通过自己超强的数学能力表明,女性也可以获得晋升。同时,她还帮助其他女性提升职业能力,并最终成为兰利研究中心的联邦项目经理。目前,美国国家航空航天局由一位非洲裔美国人查尔斯·博尔登和一位女性副局长达娃·纽曼领导。女性在兰利研究中心领导技术项目已经司空见惯。从兰利研究中心可以看出,有时,在最意想不到的地方,理性可以占上风。比尔·巴里说:"她们都是工程师,在兰利研究中心,从素不相识到惺惺相惜。我认为,兰利研究中心展示了人性的最佳状态,让我们明白,如何做一个体面的人。"

▲ 1962年，宇航员约翰·格伦登上航天飞机"友谊7号"，成为首位进入太空绕地飞行的美国人

美国国家航空航天局五位重要女性

玛格丽特·汉密尔顿
20世纪60年代，玛格丽特·汉密尔顿为美国国家航空航天局效力。她是计算机专家，率领团队为"阿波罗"和"天空实验室"开发软件。2016年，由于工作业绩突出，她被授予"总统自由勋章"。

萨莉·赖德
萨莉·赖德博士是首位进入太空的美国女性。1983年她登上"挑战者号"航天飞机，1984年再次执行飞行任务。她获得物理学博士学位后，成为首位申请成为宇航员的女性。

卡尔帕纳·查拉
1997年，卡尔帕纳创造了历史，成为首位登上"哥伦比亚号"航天飞机进入太空的印度裔美国人。2003年，她再次登上"哥伦比亚号"航天飞机，但航天飞机在返回时解体，她和机组人员不幸遇难。

▲ 凯瑟琳·约翰逊曾在美国国家航空航天局为航天飞机计算轨迹、发射窗口和返回路径的相关数据

莎娜·戴尔

2005年至2009年，莎娜·戴尔担任美国国家航空航天局首位女性副局长。但是迄今为止，尚无女性担任美国国家航空航天局局长。

佩吉·惠特森

这位美国生物化学研究员于2007年成为首位指挥国际空间站的女性，是美国国家航空航天局经验最丰富的女宇航员。她已经过过3次太空，最近的一次是"远征50/51/52"。

科学界的著名女性

几百年来,女性在科学领域一直披荆斩棘,开拓进取

埃米莉·迪夏特莱
法国人,1706—1749

埃米莉是法国哲学家、数学家和物理学家,曾翻译过艾萨克·牛顿的《原理》。这部译作非常具有开创性,至今仍是标准的法语版本,但译作在她去世后才出版。在她有生之年,埃米莉因其著作《物理学教本》而获得认可,并与批评者展开辩论。她坚信,女性应该受教育。她本人就没有受过正规教育。当时的社会阻碍女性从事科学研究,她克服重重障碍,自学并进行物理学实验。

希帕蒂娅
埃及人,约370—417

虽然希帕蒂娅(Hypatia)没有留下什么作品,但毋庸置疑,她是一位著名的数学家、哲学家和教育家。她是一位敏锐的哲学评论家,唯一留下来的作品是她编辑的托勒密的《阿尔玛·格斯特》。希帕蒂娅被一群暴徒谋杀,因为他们认为希帕蒂娅故意干预亚历山大主教西里尔和罗马埃及总督俄瑞斯忒斯之间的权力斗争。她的去世对整个帝国影响很大,她被称为哲学和学术的殉道者。

卡罗琳·赫舍尔
德国人,1750—1848

卡罗琳·赫舍尔(Caroline Herschel)有位大名鼎鼎的哥哥——天文学家威廉·赫舍尔,而卡罗琳本人也是一位多才多艺的天文学家,是哥哥的助手。卡罗琳用威廉为她建造的望远镜发现了几颗彗星。卡罗琳是第一位获得皇家天文学会金牌的女性,也是第一位被该学会录取的女性。今天,科学家以卡罗琳的名字命名了一颗彗星、一颗小行星和一个月球陨石坑,致敬这位献身天文学的女性。

克拉拉·巴顿
美国人，1821—1912

克拉拉·巴顿（Clara Barton）10岁时，她的弟弟不小心摔倒，受了重伤。医生认为他无法完全康复，但克拉拉悉心照料，最终弟弟竟奇迹般康复了。克拉拉长大后做了教师，但当美国内战爆发时，她又做了护士，成为血腥战场上的护理"天使"。战争结束后，林肯总统同意了她的请求，尽她所能找到并确认20000多名邦联士兵的遗体。1881年，巴顿成立了美国红十字会并担任主席，1904年退休。

索菲娅·柯瓦列夫斯卡娅
俄国人，1850—1891

索菲娅·柯瓦列夫斯卡娅（Denied admission）因性别歧视而被大学拒之门外。于是，她自费学习，并获得了博士学位，成为欧洲著名的数学家。她是第一位获得现代数学博士学位的女性，第一位加入科学杂志编辑委员会的女性。1889年，柯瓦列夫斯卡娅到斯德哥尔摩大学任教，是第一位成为数学教授的女性。她还热衷写作，倡导女权主义。为了纪念她的贡献，在月球上，有一个以她名字命名的陨石坑。

多萝西·霍奇金
英国人，1910—1994

生物化学家多萝西·霍奇金（Dorothy Hodgkin）因其对蛋白质结晶学的开创性研究而获得1964年诺贝尔化学奖。蛋白质结晶学是一种利用X射线绘制分子三维结构的技术。通过这一技术，她确认了胰岛素和青霉素的结构。而多萝西对胰岛素结构的确认，使得糖尿病研究有了新突破。今天，多萝西在全世界享有高度赞誉，英国皇家学会为了纪念她还专门设立了多萝西·霍奇金奖学金。

格特鲁德·B.埃利恩
美国人，1918—1999

格特鲁德·B.埃利恩（Gertrude B Elion）决心与癌症做斗争。她克服了性别歧视，从事着光辉的科学事业，成为一名具有开拓性的研究人员，开发了新药和研究方法，以识别和防治癌症、艾滋病和其他疾病。1988年，她与同事乔治·希钦斯和詹姆斯·布莱克爵士合作获得诺贝尔生理学和医学奖，她的非凡成就得到了认可。除了获得一系列奖项外，埃利恩还是第一位入选美国国家发明家名人堂的女性。

戴安·福西
美国人，1932—1985

戴安·福西（Dian Fossey）是世界上最知名的灵长类动物学家和大猩猩专家，她长期在卢旺达自然栖息地研究大猩猩。福西公开反对在卢旺达进行偷猎，反对旅游业侵占大猩猩栖息地。她还成立了一个研究中心来保护大猩猩，敦促各国政府尽其所能保护本国自然栖息地。1985年，福西被谋杀，安葬在卡里索克研究中心，旁边是她研究过的大猩猩。这些大猩猩被偷猎者杀死，福西曾与那些偷猎者殊死搏斗。

梅·卡罗尔·杰米森
美国人，1956年至今

1992年，梅·卡罗尔·杰米森（Mae Carol Jemison）从2000名应聘者中脱颖而出，乘坐"奋进号"航天飞机进入轨道，成为首位飞入太空的非洲裔美国女性。她从小就对电影《星际迷航》着迷，努力学习，成绩优异，后来成立了自己的技术公司。她曾获得多项奖励和荣誉。太空飞行一年后，她客串了电影《星际迷航：下一代》。多年前，就是这部电影激发了她对太空旅行的热爱。现在，她成了现实版《星际迷航》的主角。

皇权与统治

- 98 　克莱奥帕特拉七世
- 109　芝诺比娅
- 115　阿基坦的埃莉诺
- 127　伊丽莎白一世
- 147　叶卡捷琳娜二世
- 158　伊丽莎白二世
- 168　皇室的著名女性

公元前69—公元前30

克莱奥帕特拉七世

斗争、密谋、引诱，她无所不用其极。这样一个受人鄙视的法老次女，最终却成为埃及最著名的统治者之一

公元前81年，敢于将亚历山大大帝的金棺熔化的法老托勒密九世去世。一系列血腥和暴力的家族纷争剥夺了他的王朝中任何一个合法的男性继承人的继承权，因此他深受爱戴的女儿贝勒尼基三世成为了女王。按照家族传统，她嫁给了同父异母的哥哥——托勒密十一世。但婚礼结束后仅19天，新郎就谋杀了新娘，并将王位据为己有。亚历山大港的居民非常愤怒，一群愤怒的暴民迅速抓住了新法老，并对他处以私刑。这使得埃及群龙无首，几乎失去了控制。

作为军队的指挥官和上帝的化身，法老的存在对防止埃及的大规模叛乱是至关重要的。因此，王位被授予了托勒密九世的私生子，托勒密十二世。他是一个臭名昭著的好色之徒，嗜酒如命，根本不配做法老。但国家此时正处于水深火热之中，需要法老像一盏明灯一样指引人民走出黑暗深渊。

> 克莱奥帕特拉受过高等教育。据说，她会说十几种语言。

俄比亚人、希伯来人、特洛伊人、阿拉伯人、叙利亚人、米底亚人还是帕提亚人。她在富丽堂皇的宫廷中生活，在知识的海洋中遨游。而在宫廷之外，国家正面临分裂的危险。

法老托勒密十二世陷入了困境。他的父亲曾得到罗马的许诺——罗马人会帮助他统治埃及，但罗马元老院却不愿意履行这个承诺，至少此时还没有履行。尽管如此，但托勒密十二世很聪明，他认为让罗马人满意就能确保自己的王位。他给尤利乌斯·恺撒（当时罗马最重要的人物之一）送去了大量的金钱，得到了罗马人的支持，但这却使他在纳税人的眼中成了罪人。公元前58年，他被迫带着他才华横溢的小女儿流亡。

三年后，在奥留斯·加比尼乌斯将军率领的罗马军队支持下，托勒密十二世返回了埃及，却发现自己的长女贝勒尼基已经篡夺了王位。他草率地处决了自己的女儿，这也体现出他们整个家族的残暴无情。随后，他重登王位，直到公元前51年去世。他的女儿克莱奥帕特拉继承了王位和所有的债务。

18岁的克莱奥帕特拉并不像一些人想象的那样天真，且没有能力统治一个处于战争边缘的王国。相反，在她父亲统治的最后几年里，她一直履行王后的职责。克莱奥帕特拉从出生起所受的教育都是为了把她塑造成一个能干的女王。不是国王，不是法老，而是女王。依照当时的法律，所有埃及女王必须与一位男性统治者为伴，共同执政，统治埃及。克莱奥帕特拉只能遵照祖制，与自己10岁的弟弟——托勒密十三世结婚，作为副

很快，人们给这个法老取了一个绰号——"私生子"。托勒密十二世至少有五个合法的孩子。克莱奥帕特拉七世是排在她姐姐贝勒尼基四世之后的第二个。

年轻的公主聪明伶俐，求知欲强，对知识的渴求近乎永无止境。她学习成绩优异，甚至连德高望重的学者都对她的语言天赋感到惊讶。她能与任何外国客人交谈，无论他们是埃塞

> 她分别和两任丈夫——恺撒和马克·安东尼，生育了4个孩子，但只有克莱奥帕特拉·塞莱娜长大成人。

摄政王共同执政。

　　摄政委员会由野心勃勃的男人们组成，代替她弟弟统治国家，他们由克莱奥帕特拉亲自领导。她冷酷无情，缺乏耐心，却又聪明过人。她把丈夫推到后台，使自己成为国家唯一的君主。这很危险。亚历山大城的朝臣们围在易受影响的年轻国王身边，密报他姐姐各种独断专行的做法。如果克莱奥帕特拉更耐心，更细心，也许能把弟弟培养成一个有能力、顺从的共同统治者，一个能帮助她统治的人，而不是一个被废黜的国王。但这根本不是托勒密王室的处事方式。她有着典型的托勒密作风：大胆、有野心、具致命性。克莱奥帕特拉把弟弟的头像从硬币上去掉，把他的名字从官方文件上抹去。以她的能力、干劲和计谋，她无疑是统治埃及的完美人选。在克莱奥帕特拉看来，埃及国王的位置理应由她独享。

　　在统治的最初几年，对克莱奥帕特拉来说是一场考验，国家仍在为偿还她父亲执政时欠下的债务而挣扎，而且多年罕见的尼罗河洪水导致了大范围饥荒。放眼周边，克莱奥帕特拉感到了由于罗马大军日益迫近而带来的威胁，而埃及军队根本无法与之抗衡。此时，罗马人认为夺取埃及政权的时机已经成熟了。在埃及，大量饥饿的农民拥入城市，国家一片混乱，克莱奥帕特拉的声望一落千丈。她不断颁布政令，似乎只是为了取悦罗马而牺牲埃及利益，这让人们想起了她那让人鄙视的父亲。

　　在这场政治动乱中，克莱奥帕特拉发现自己熟悉的对手——她的弟弟回来了。在众多监护人和摄政王的帮助下，他现在已经变成一个邪恶和无情的国王，誓把克莱奥帕特拉从这个国家和历史上抹去。他将姐姐的名字从所有官方文件中完全抹去，宣布恢复他的君主地位，声称自他父亲去世后，他是唯一合法的统治者。此时克莱奥帕特拉的声望已经一落千丈。愤怒的暴民马上就要冲进宫殿杀了她，看起来她的命运会像她许多贪婪和不幸的前任一样。眼见大事不妙，女王逃离了这座她从出生开始就一直生活的城市。

　　克莱奥帕特拉不仅失去了国民的支持，也失去了她曾经坚信属于自己的统治地位。她带着一小撮忠诚的亲信逃到了叙利亚。克莱奥帕特拉没有放弃自己的野心，着手组建军队，以夺回她的王位。这位女王在叙利亚集结军队，而此时，她年仅13岁的弟弟正密切关注着罗马内战，对她无暇顾及。在法萨罗惨败给恺撒之后，罗马军事领袖庞培大帝逃往一个他确信能得到庇护的地方——他的老盟友——埃及。

　　庞培的妻子和孩子在远处紧张地注视。庞

一个丈夫和两个情人

**托勒密十三世
西奥斯·菲洛帕托尔**
马其顿,公元前62年—公元前47年

他们是怎么在一起的?
托勒密和他姐姐的婚姻是包办的,这是埃及王室的传统。

是真爱吗?
他们的联合统治演变成了一场残酷的内战,所以这对姐弟之间几乎没有什么爱。没有证据表明他们有事实婚姻。

结局如何?
恺撒大帝和托勒密的姐姐兼妻子克莱奥帕特拉宣布胜利,托勒密被迫逃离亚历山大。据记载,他因试图过河逃跑而溺水身亡。

尤利乌斯·恺撒
罗马,公元前100年—公元前44年

他们是怎么在一起的?
克莱奥帕特拉和她的弟弟都需要恺撒的支持。克莱奥帕特拉在他们约定的会面时间之前见了恺撒,并用计谋赢得了他的支持。

是真爱吗?
尽管这一结合最初是由双方的政治利益促成的,而且罗马法律禁止两人结婚,但克莱奥帕特拉似乎对恺撒忠贞不渝,并为他生了孩子。

结局如何?
恺撒在3月15日遇刺身亡,他们的爱情也就戛然而止了。

马克·安东尼
罗马,公元前83年—公元前30年

他们是怎么在一起的?
安东尼召见克莱奥帕特拉,看她是否会信守诺言,在与帕提亚人的战争中支持安东尼。据记载,她在这次会面中迷倒了安东尼,也许就像她迷倒恺撒一样。

是真爱吗?
尽管可能是出于政治目的,但他们有三个孩子。安东尼为了和他的埃及王后在一起,不惜一切代价。

结局如何?
亚克兴战役大败之后,安东尼误以为克莱奥帕特拉已经死了,就自杀了。克莱奥帕特拉很快也自杀了。

培下了大船,登上一艘小渔船,向岸边驶去。埃及少年法老托勒密坐在岸边的宝座上,这是专门为这种场合设计的宝座。他仔细观察着庞培,脸上显出戒备的神情,难以捉摸。他的属下张开双臂,笑容可掬地喊道:"万岁,陛下!"直到船靠岸,庞培才意识到自己落入了圈套。他还没来得及叫一声,就被剑刺穿了身体,后背被捅了一刀又一刀。曾经伟大的执政官被斩首,残缺不全的尸体被扔进大海。此时,托勒密并没有从宝座上站起来。这是个阴谋。恺撒的一个敌人死了,托勒密认为杀了庞培对自己更有利。

四天后,恺撒到达亚历山大港,看到了敌人庞培的头颅。然而,托勒密的顾问们很快就意识到他们似乎犯了错误,恺撒完全被眼前这一幕惊呆了。他当众失声大哭,而后带领军队前往亚历山大的皇家宫殿。他看到埃及民怨沸腾,内战已经爆发,双方要把国家彻底分裂。他需要亚历山大的税收来提供财富,而增加税收的唯一方法就是保持政局稳定。于是,他做出了一个决定,内战必须结束。他下令召见克莱奥帕特拉和托勒密。这对托勒密来说很容易,因为他可以迅速前往亚历山大。但对克莱奥帕特拉来说则很困难,她必须使出浑身解数,才能活着进入这座城市。

由于托勒密的船只封锁了港口,克莱奥帕特拉只好离开自己的军队,深夜乘小船沿海岸航行。这段旅程很艰辛,完全不适合埃及法老——这位女王。但想要取得最后的胜利就需要做出牺牲。她相信,这里的街道和水域很快就会再次属于她。要进入皇宫区很不容易,但这一晚如果冒险成功,她将与世界上最有权势的人面对面。

她的弟弟托勒密只会卑躬屈膝,杀死恺撒的敌人,对恺撒阿谀奉承,希望获得他的支持。托勒密全无君主风范,手足无措,急于取悦恺撒,又害怕激怒他。她的弟弟太愚蠢了,没看出罗马需要埃及就像埃及需要罗马一样。而克莱奥帕特拉看清了这点,并借此来为自己谋利。

那天晚上,克莱奥帕特拉去见罗马将军。她潜入宫殿,成功进入恺撒的居室。她迫不及待地躬身施礼,为自己辩护。

在罗马,人们称恺撒为"永远的独裁者"。他高高在上,气势完全凌驾于这个矮小的女人之上。她身材矮小,必须抬起头来才能看着恺撒的眼睛。恺撒比年轻勇敢的埃及女王年长许多。恺撒虽已过壮年,但他刚刚取得辉煌的胜利。这是克莱奥帕特拉第一次见到这位举世闻名的罗马名人。她的弟弟还是个孩子,不过是个傀儡,只会在那些腐败的顾问们的指挥下任意胡为,但克莱奥帕特拉继承了其先祖的魅力、智慧和野心。她在她弟弟毫无觉察的时候抢先获得恺撒和罗马的支持。她以自己独有的魅力轻而易举地获得成功,而她的弟弟却只能在这场斗争中败下阵来。

> 克莱奥帕特拉并没有放弃她的野心,而是着手组建军队来夺回王位。

第二天，年轻的托勒密十三世一觉醒来，根本没想到他那可怕的姐姐已经与恺撒会面了。他发现姐姐不仅在恺撒那里，而且还在一夜之间引诱恺撒加入了她的阵营，这让他彻底绝望了。他尖叫着逃离了宫殿，扯下头上的王冠，跪倒在地。恺撒下令执行克莱奥帕特拉父亲的遗嘱，由克莱奥帕特拉和托勒密十三世共同执政。

表面上的和平没有持续多久。托勒密自幼被教导得野心勃勃，于是他与反叛的妹妹阿尔西诺伊四世联手，聚集了一支埃及大军，足以挑战克莱奥帕特拉和恺撒。埃及为此付出了巨大代价。公元前48年12月，著名的石城亚历山大被放火焚烧，不仅造成数百名市民丧生，也毁掉了藏有无数珍贵手稿的世界著名图书馆。恺撒的援军从帕加马涌入城内，托勒密的军队最终被击败。年轻冲动的国王试图乘坐一艘超载的船从尼罗河逃离，但船沉了，他身着精心制作的金色重甲沉入水中。

一个托勒密已经死了，但另一个还活着。克莱奥帕特拉13岁的弟弟托勒密十四世，在哥哥死后立即成为姐姐的丈夫，与她共同执政。

克莱奥帕特拉虽然得到了恺撒的支持，但传统必须遵从，一个单身女人无法统治埃及。她与恺撒建立了牢不可破的亲密关系，埃及实际上成

▲ 银币上的克莱奥帕特拉长着鹰钩鼻

揭开她的五大谜团

1 她是用毯子裹进来的
"埃及艳后"克莱奥帕特拉被毯子裹着偷运进皇宫，蓬头散发，满脸通红。恺撒脚下的波斯地毯上摊开后，她从里面出来。上图出自希腊传记作家普鲁塔克的笔下，但很难证明其真实性。作为世界上最有权势的人之一，恺撒似乎不太可能会让一个可疑的包裹进入他的房间。即便如此，她完全有理由早点出现，以一个更优雅的姿态出现。

2 她是个蛇蝎美人
克莱奥帕特拉在很多有权有势的男人之间游刃有余，引诱他们，利用他们，她肚子里的孩子不知是哪个男人的。这些不实言论都是自古以来罗马官员对她的诽谤。事实上，有证据表明，她只和两个男人在一起过——尤利乌斯·恺撒和马克·安东尼。

3 她是埃及人
她是有史以来最著名的埃及法老之一，但其实她根本不是埃及人，而是希腊人。她是托勒密家族的一员，先祖托勒密是亚历山大大帝的将军之一。尽管她的家族在埃及生活了300多年，她仍然被认为是希腊人。克莱奥帕特拉会说埃及语，这在希腊人里不多见，她的许多前任都不会说埃及语。

4 她戴着假胡子
埃及女王戴假胡子的说法源于埃及人对奥西里斯神大胡子的信仰，所以，埃及法老也戴着假胡子，以确立自己与神一样的地位。但在克莱奥帕特拉的时代，这一传统几乎已不复存在，也没有关于她戴假胡子的记录。事实上，哈特谢普苏特（Hatshepsut）是唯一一位戴过面具的女法老。

5 她死于毒蛇咬伤
有一幅画作描绘了克莱奥帕特拉在去世时将蛇抱在怀里。然而，对这一事件的描述有一些疑问，主要是因为毒蛇不像报道的那样，导致她快速死亡。更有可能的是她喝了多种毒药。毒蛇咬了她的胸部的说法当然是错误的，因为所有的资料都表明毒蛇咬了她的手臂。

家庭成员

跟随克莱奥帕特拉的家谱，
你会发现托勒密王朝成员的关系是多么紧密……

埃及的托勒密王朝可以追溯到他们的祖先托勒密一世。他是亚历山大大帝的希腊将军，在公元前323年成为埃及的统治者。亚历山大去世后，他的高级将领们瓜分了他的大片领土。托勒密家族完全没有意识到近亲结婚的危害，他们习惯与兄弟姐妹通婚。这对他们来说很方便，因为这不仅确保了女王可以从出生起就接受训练，而且还将她们确立为远离群众的精英阶层，高不可攀，就像受人尊敬的埃及众神与他们的姐妹一样。

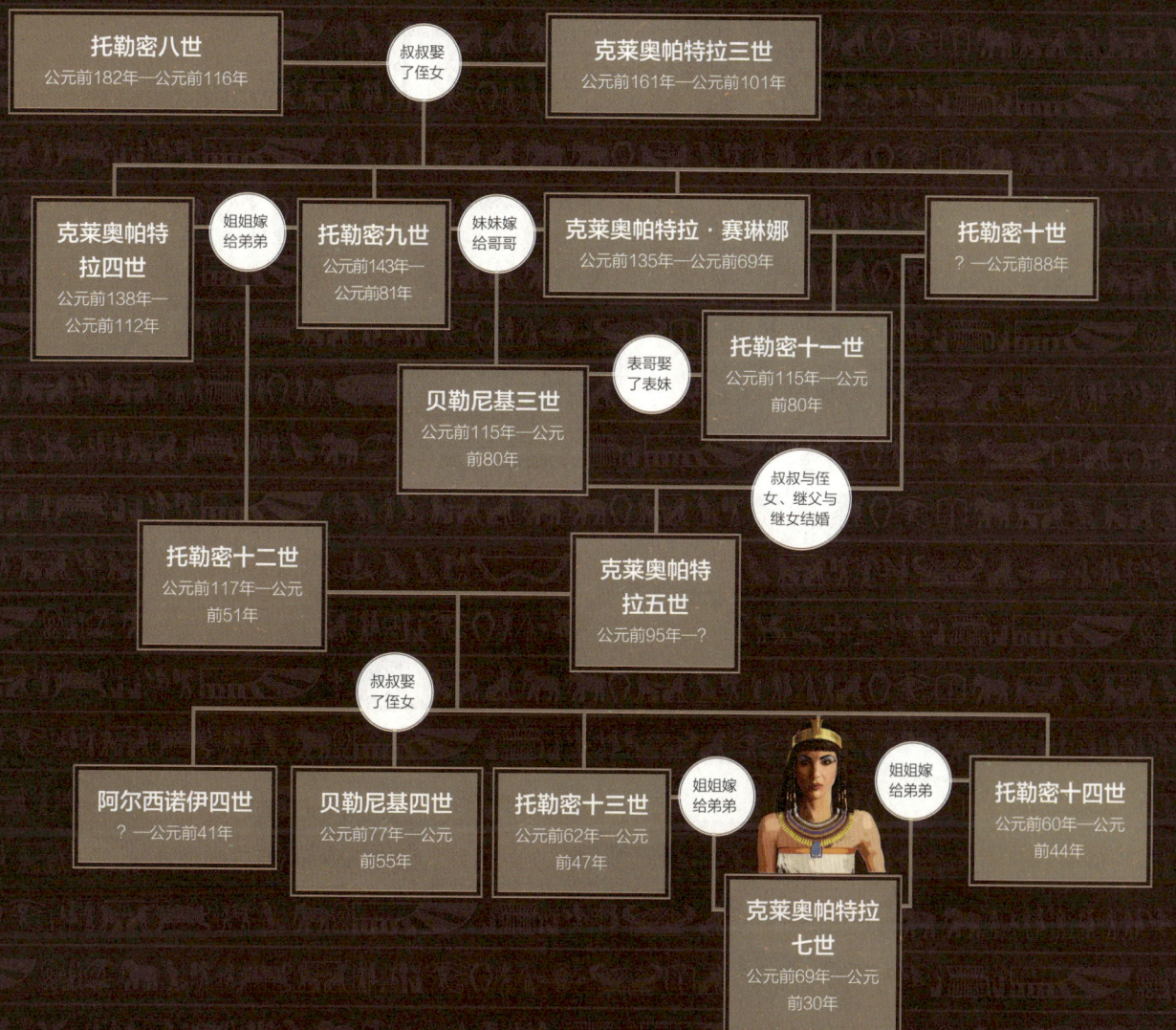

克莱奥帕特拉既是一位激情澎湃的斗士,又是一位知识分子和学者

了罗马的领土。在一次盛大的新联盟巡游活动中,由罗马和埃及船只组成的船队护卫华丽的皇家游艇,沿尼罗河航行,克莱奥帕特拉和恺撒在游艇上并肩而坐。

埃及虽然已和罗马联合,但克莱奥帕特拉仍然觉得不安心,因为有另一个托勒密与她分庭抗礼,而这个托勒密长大后必定也会野心勃勃、阴险狡诈。她不能让另一个弟弟重蹈覆辙，受奸人驱使而反对她。只要托勒密十四世还活着，她的统治就会受到威胁。克莱奥帕特拉很聪明，明白埃及永远不会接受一位单身女王独立统治，但有一个好办法可以确保她大权独揽——她不仅得到了恺撒的政治支持，而且还怀孕了。公元前47年，她生下了恺撒的孩子。众神保佑，是个男孩。克莱奥帕特拉给孩子取名恺撒利翁，也就是"小恺撒"，他就是王位继承人。此后三年，克莱奥帕特拉加强了对埃及王国的控制，慢慢赢得了亚历山大反抗者的支持，而这些反抗者之前还一直在尖叫着要杀了她。为了躲避有关她儿子生父的流言蜚语，她带儿子一起去了罗马，住在恺撒的乡间别墅里。克莱奥帕特拉没有压制那些流言，因为她儿子是恺撒的继承人这一点，对她非常有利。

公元前44年3月15日，恺撒被暗杀，克莱奥帕特拉离开罗马回到亚历山大。如果有独揽埃及大权的机会，那就是现在。因为失去了强大的罗马情人，她需要一个能保证她统治的盟友，一个不会反抗她的人。克莱奥帕特拉知道，兄弟们是不可信的。当年年底，最年轻的托勒密被发现死于中毒。人们的悲痛情绪遭到压制。托勒密之死，无论多么年轻，在埃及都很常见，国家有新的法老来代替他，那就是年幼的恺撒利翁，她的儿子，一个婴儿，做了名义上的法老。克莱奥帕特拉终于成功了，可以在埃及大权独揽了。

一个时代的终结

克莱奥帕特拉幸存下来的孩子被奥克塔维亚收养。他们成了罗马公民，很快就默默无闻了。埃及此时是罗马的一个省，由一位长官统治。希腊语仍然是官方语言。亚历山大城继续繁荣昌盛，成了许多宗教和军事起义的发源地。269年，残暴的巴尔米拉女王芝诺比娅征服埃及，亚历山大城被另一个女人占领。芝诺比娅是克莱奥帕特拉的崇拜者，她很快就将她憎恨的罗马敌人斩首。她统治埃及直到274年，她被罗马皇帝奥勒良（Aurelian）劫为人质。具有讽刺意味的是，当奥勒良在罗马庆祝胜利时，芝诺比娅戴着金锁链现身。希腊—罗马时代的埃及遗迹仍然存在，比如，沿尼罗河建造的一系列宏伟的庙宇，其中包括丹德拉的哈索尔神庙。在那里，克莱奥帕特拉和恺撒大帝神话般的形象仍然留在那里的墙壁上。埃及和罗马文化的微妙融合可以在许多希腊—罗马时期的木乃伊肖像上看到，二者的对比在绘画和雕塑中也很明显。传统的埃及肖像与罗马符号是成对出现的。罗马与埃及的结合、古代与现代的结合、安东尼与克莱奥帕特拉的结合，在多种艺术形式的遗迹中都有所展现。

> 奥古斯塔的史书中记载，芝诺比娅常常徒步行军数英里①，走在队伍的最前面。

① 1英里=1609.344米。——编者注

240—？

芝诺比娅

凭借遗传自祖先克莱奥帕特拉的勇敢和美丽，芝诺比娅领导中东人民反抗罗马人的奴役

要怪就怪威廉·莎士比亚或伊丽莎白·泰勒，是他们让克莱奥帕特拉给古代所有强壮、狡诈、美丽的女王都蒙上了阴影。在埃及艳后克莱奥帕特拉统治埃及3个世纪后，她的后代在叙利亚东部的巴尔米拉绿洲掌权。芝诺比娅的勇气和美貌与其祖先不相上下。她的丈夫是个英雄，但遭人暗杀。3世纪，罗马帝国开始衰落，芝诺比娅控制了这个处于罗马帝国边缘的富裕城邦。从罗马独立后，她带领忠诚的军队穿越埃及和巴勒斯坦，短暂地统治了一个庞大而稳定的王国。但是她的王国最终被罗马皇帝奥勒良征服。

芝诺比娅的传奇流传了几个世纪，而事实也被这些传奇的迷雾所笼罩。最早的史料来自4世纪的《奥古斯塔的历史》，但这是一部传奇色彩丰富、以事实为依据的虚构作品，极不可靠。18世纪的历史学家爱德华·吉本在他的著作《罗马帝国的衰亡》中，对奥古斯塔时代的芝诺比娅进行了大量的描写，并描绘出了巴尔米拉女王的浪漫形象。

吉本写道："现代欧洲出现了几位杰出的女性，她们用光辉点亮了帝国。""但是……芝诺比娅也许是唯一一位才华出众的女性。她颠覆了人们认为女性懒惰而具有奴性的传统思想。她声称自己是埃及马其顿国王的后裔，在美貌方面与她的祖

> 追溯她的祖先，历史学家们认为，芝诺比娅可能有阿拉马人，甚至犹太人的血统。

不可阻挡的奥勒良

在3世纪的帝国危机之后,罗马帝国的重新崛起要归功于杰出的军事家奥勒良。他出生在罗马帝国巴尔干半岛附近多瑙河省一个贫寒的农民家庭,成年后加入了一支纪律严明的军队。在帝国历史上最混乱的时期,奥勒良因为严于律己和意志坚定而声名鹊起。268年,加里耶努斯皇帝遭到"三十暴君"攻击。"三十暴君"是罗马军事和政治领袖,他们的目标是推翻皇位。奥勒良和他的同胞克劳狄乌斯一起平定了叛乱。因在暗杀加里耶诺斯的行动中出了力,克劳狄乌斯继任为皇帝,但他仅仅在位18个月后就去世了。严肃认真的奥勒良继承了皇位。他迅速重组了罗马军团,带领他们向侵略者进军。侵略者包括哥特人、汪达尔人、阿勒曼尼人和朱顿基人,他们威胁着罗马在意大利北部的主权。而此时,芝诺比娅已经成为东方女王,统治着巴尔米拉帝国。奥勒良并不介意去打败一个女人。奥勒良对她下最后通牒,要求她放弃王位并投降,但被她拒绝了。奥勒良攻破城池,将她俘虏到罗马,捣毁了她的整个集团。仅仅两年,这场叛乱就被镇压了。

决定性时刻

刺杀奥达那托斯
266年

芝诺比娅的丈夫奥达那托斯死在远离战场的地方。一种说法称,他和一个粗鲁的侄子——马奥尼乌斯一起去打猎时两人发生冲突。马奥尼乌斯被奥达那托斯惩罚,把他的马夺走,还锁了他几个晚上。年轻的马奥尼乌斯觉得受到了侮辱,便在一次聚会上杀死了巴尔米拉国王。而其他记载称,罗马与这起谋杀案有关。另有一种说法认为,芝诺比娅是主谋,奥达那托斯和他的长子一起被杀,王位便由芝诺比娅的儿子瓦巴拉瑟斯继承,并受她控制。

大事年表

240年

● **芝诺比娅出生**

克莱奥帕特拉声称自己是伊希斯的后裔,而芝诺比娅则将克莱奥帕特拉视为偶像。她的家族是巴尔米拉的统治者。她自幼学习语言、哲学、骑马和狩猎等。

240年

● **她的婚姻伴侣**

芝诺比娅成为了奥达那托斯的第二任妻子。奥达那托斯作战勇敢、足智多谋,而年轻的新娘雄心勃勃、身手不凡。他们真是天生的一对。

258年

● **等待中的继承人**

芝诺比娅给奥达那托斯生了一个儿子,名叫瓦巴拉瑟斯,但巴尔米拉王座的第一继承人海兰是奥达那托斯的第一任妻子所生的孩子。在芝诺比娅的时代,妻子们为了让自己的儿子登上王位相互竞争,甚至相互残杀。

259年

● **占领埃及**

在罗马军队忙于与哥特入侵者和利比亚海盗作战的时候,芝诺比娅进军埃及,所向披靡。埃及人民将她视为伟大的埃及艳后的合法继承人。

269年

埃及的罗马总督反抗芝诺比娅入侵，但很快就被她斩首了。

先克莱奥帕特拉不相上下，而在贞操和勇敢方面远远超过了那位女王。芝诺比娅被认为是女性中最可爱、最英勇的一位。"

现代历史学家从早期的基督教文献、考古铭文和古钱币中拼凑出了一部更可靠的芝诺比娅传记。但从她的血统和种族开始，她的大部分生活故事仍有争议。芝诺比娅声称自己与克莱奥帕特拉是亲戚，这在很大程度上是依据她母亲那边的塞琉西血统。她的父亲统治着巴尔米拉，是罗马人的后代，也是罗马皇帝卢修斯·西弗勒斯颇具影响力的皇后朱莉娅·多姆纳的皇室后裔。

虽然这些家谱的真实性无从考证，但有一点可以肯定，芝诺比娅出身显赫，家里有钱有势，在巴尔米拉城首屈一指。这座城市位于沙漠中部，在幼发拉底河流域和地中海之间。

地下水使这片土地成为肥沃的绿洲，是丝绸之路上的重要一站。丝绸之路上的贸易路线把香料和纺织品从充满异国情调的东方带到熙熙攘攘的罗马市场。巴尔米拉的军队为过往的商队提供保护，而政府征收进口税——每头骆驼所载货物的25%，以充实巴尔米拉的金库。

据吉本描述，芝诺比娅拥有橄榄色皮肤，会说亚拉姆语、希腊语、拉丁语、阿拉伯语和古埃

> 芝诺比娅的首席顾问卡修斯·朗吉努斯是一位著名的学者、柏拉图式的哲学家，同时也是一位文学评论家。

决定性时刻
围攻巴尔米拉
274年

根据《奥古斯塔历史》中的描述，奥勒良对芝诺比娅最后一次进攻险些失败。罗马军团从埃梅萨出发后，遭到叙利亚强盗的追击，还成为波斯人的目标。他的军队在两次大战中筋疲力尽。奥勒良试图与芝诺比娅达成协议，承诺保证她的生命安全和城中人民的自由，来换取巴尔米拉和平投降。但芝诺比娅称，她和克莱奥帕特拉一样，宁愿死也不愿失去尊严，而且会向波斯请求增援。此后，奥勒良围困了巴尔米拉几个月，迫使其屈服。

硬币上的形象
芝诺比娅命令亚历山大造币厂生产新的硬币，上面刻有她的侧影和铭文"S. Zenobia Aug"——"东方女王芝诺比娅"的缩写。
270年

面包男爵夫人
芝诺比娅更进一步激怒了罗马——她切断了埃及对罗马帝国首都的小麦出口。罗马统治者一直用免费面包和马戏团来获取民众支持。如果她要挑起事端，那么她做到了。
271年

东方帝国
在鼎盛时期，芝诺比娅的巴尔米拉王国占据了整个地中海东岸，从尼罗河一直延伸到黑海。她征服的大部分领土上的民众都对这位新女王心悦诚服。
272年

奥勒良的还击
奥勒良在征服了哥特人后，将注意力转向东部的巴尔米拉王国。这位以严酷著称的将军一反常态，在攻下城市后放过了巴尔米拉的居民。他希望有更多的人和平投降。
272年

274年

及语。她不像罗马那些娇弱的贵妇不戴面纱、不坐马车就不出门。她擅长骑骆驼和骑马，她和她的丈夫一样喜欢捕猎狮子和黑豹。

芝诺比娅是奥达那托斯的第二任妻子，而奥达那托斯是巴尔米拉的统治者，也是罗马在东方的重要盟友。在奥达那托斯统治期间，巴尔米拉是罗马和波斯萨珊帝国之间重要的缓冲地带。罗马允许巴尔米拉保持独立，以换取其在该地区的战略中立。260年，波斯人俘虏了罗马皇帝瓦勒里安，并占领了东罗马人的据点安提阿。由于害怕波斯人向巴尔米拉扩张，奥达那托斯发动了第一次进攻，在波斯军队从安提阿凯旋时，率军击败了他们。后来，他在帕尔玛林战役中又把波斯人一路赶回至他们的首都。这些胜利为奥达那托斯赢得了罗马的赞誉和加封，使他幻想成为皇帝。

不过奥达那托斯没有机会去实现这一切。没过多久，在一次狩猎中，因国王与侄子发生了争执，国王和前妻所生的儿子海兰，都被侄子谋杀了。奥达那托斯的死让芝诺比娅的小儿子瓦巴拉瑟斯成为了王位继承人。由于瓦巴拉瑟斯还不到10岁，因此，芝诺比娅担任了摄政王。很快，她又无可争议地成为了巴尔米拉政治和军事领导人。考古学家在奥达那托斯被谋杀几年后发行的硬币上发现，硬币的正面是瓦巴拉瑟斯的脸，背面是芝诺比娅的脸。很快，两人位置就被互换了。

作为巴尔米拉的实际统治者，芝诺比娅继承了丈夫的遗志，实现了其建立巴尔米拉王国的梦想。历史学家们对芝诺比娅的动机和政治目的争论不休。3世纪，罗马帝国遭受了一系列危机和灾难，在30年间经历了19位皇帝，其中大多数皇帝都被野心勃勃的将军或禁卫军杀害。英格兰和高卢先后脱离了帝国的统治。哥特人从北方入侵。各省天花肆虐。海盗破坏了利比亚沿岸的贸易。在罗马帝国岌岌可危之时，芝诺比娅看到了机会，但她是想做罗马帝国的伙伴还是征服者呢？

269年，在战无不胜的扎达斯将军的支持下，芝诺比娅率领巴尔米拉军队进军埃及，并声称自己的祖籍是埃及。埃及的罗马总督反抗芝诺比娅入侵，但很快就被她斩首了。芝诺比娅授予自己埃及女王的头衔，并下令编写了十卷本的《埃及艳后史》以纪念胜利。罗马皇帝克劳狄乌斯对此表示反对，但他忙于与哥特人的战争，无暇顾及这位埃及的新贵女王。

在没有罗马人干预的时候，勇敢的女王芝诺比娅将领土扩展到叙利亚、黎巴嫩和巴勒斯坦。在其势力范围最大的时候，芝诺比娅的王国从尼罗河向南延伸，穿过西奈半岛和巴勒斯坦，北至黑海，西至土耳其的安卡拉。大约在这个时候，芝诺比娅又一次改变了硬币的图案——在自己的肖像旁边加上了"奥古斯都"或"女王"的头衔。

270年，奥勒良登上了政治舞台。他一生都是军人，后来升为罗马皇帝，恢复了奥比斯及罗马帝国的秩序。奥勒良为罗马军队带来了秩序和纪律。他从意大利北部赶走了入侵的日耳曼部落，如汪达尔人，并在罗马周围建起了和罗马一样的城墙。随后，他进军巴尔干半岛，与哥特人作战，击溃了哥特人。到272年，奥勒良已经解

> 芝诺比娅对巴尔米拉的统治，包括她反抗罗马帝国的运动，持续了不到五年。

决了罗马最紧迫的问题，并准备把注意力转向巴尔米拉王国及其女王。据《奥古斯塔的历史》记载，芝诺比娅给奥勒良写了一封信，建议他们以联合皇帝的身份统治地中海。如果这封信真的存在，奥勒良很可能对此并不以为然。

奥勒良和芝诺比娅第一次相遇是在安提阿战役中。芝诺比娅的军队主力是克里巴纳里重型装甲骑兵。这种骑兵战术是从波斯人那里学来的。马和骑手都装配着厚厚的装甲钢板，这样可以抵御被称为"射手座"的罗马弓箭手。然而，克里巴纳里骑兵有一个弱点，而奥勒良巧妙地利用了这个弱点。在拉丁语中，克里巴纳里的意思是"营火工"，因为这些盔甲在正午的阳光下会像火炉一样热。奥勒良在一天最炎热的时候发起猛烈进攻，然后佯装撤退，引诱重装骑兵长时间追击。芝诺比娅的骑兵部队难耐酷暑，根本无法与奥勒良训练有素的军团相匹敌。因此，芝诺比娅的军队撤退到今天的埃米萨，也就是胡姆斯。

奥勒良在埃米萨又一次击败了芝诺比娅。他利用了巴勒斯坦人的投石机，用投石机投掷石头。这让巴尔米拉的骑兵被打散，陷入混乱之中。7万名强壮的骑兵为躲避巨石，在混乱中互相践踏。芝诺比娅就在军队旁观战。吉本写道："在两次战役中，巴尔米拉女王都亲自指挥军队。"面对在埃米萨的溃败，芝诺比娅决定骑着她最快的骆驼逃回巴尔米拉。

回到巴尔米拉，芝诺比娅没有召集到足够的军力与奥勒良再次正面作战。奥勒良围困了巴尔米拉数月之久。据吉本记载，罗马对这场战争提出批评。

在《罗马帝国的衰亡》一书中，吉本引用了奥勒良的一封信："罗马人对我向一个女人发动战争嗤之以鼻。那是因为他们对芝诺比娅的性

芝诺比娅时代的生活

偷罗马的粮仓
从罗马的粮仓偷小麦，为民众提供免费的口粮，来换取他们的效忠。这些小麦大部分是从埃及进口的。但据说芝诺比娅在征服埃及后，切断了小麦供应。这无异于捅了马蜂窝。

名义上的殖民地
富有的城邦巴尔米拉在罗马帝国中占有独特的地位。它是一个独立的殖民地，城主可以自由收税，还受到罗马皇帝的保护。巴尔米拉依靠对丝绸之路上向西行进的商队征税而变得富足。

香料的安全
作为丝绸之路上的重要一站，巴尔米拉的军队负责保护境内沿线丝绸和香料商队的安全。这项任务由负责安全的军队执行。这支军队由轻骑兵构成，他们因擅长剿灭强盗而闻名。

迷失在翻译里的名字
芝诺比娅在希腊语中的全称是赛普提米亚·芝诺比娅，但很可能是阿拉伯语"扎巴"的拉丁化。这个词是芝诺比娅真正的阿拉姆语名字"巴特扎巴伊"的译名，或者是"扎巴伊的女儿"。芝诺比娅的母语是阿拉姆语。

罗马的凯旋
一些文献记载，274年，奥勒良大获全胜后在罗马游行，被链子锁住的芝诺比娅也在其中。800名士兵押解着这些俘虏。也有人说，她坐在为她特制的一辆金色战车中进入罗马。

格和力量一无所知。她对战争准备非常充分，石头、箭和各种各样的投掷武器都无法计数。城墙的每一个垛口都有两三个弩炮。她的军用喷火车会发射出火焰。由于害怕罗马报复，她表现得勇敢无比。"

最终，众神眷顾了罗马，巴尔米拉迅速沦陷。芝诺比娅、她的儿子和继承人一同被俘。历史学家奥古斯塔回忆起芝诺比娅戴着金锁链游街示众的情景。另一种说法称，她是在从巴尔米拉前往罗马的途中死去的。还有人说她是自杀的，就像自己的祖先克莱奥帕特拉一样，没有屈服于皇帝，也没有面对罗马人的嘲笑。

1124—1204

阿基坦的埃莉诺

**有人厌恶她，有人崇拜她，有人赞美她，有人谴责她。
她恨自己怎么不是男人。她挑起战争。她是欧洲最有权势的女人**

当教皇尤金三世要求法国国王路易七世组织一场十字军东征时，为了帮助中东的十字军国家，路易满腔热情地拿起了剑。然而，路易并不愿意独自前往圣地。他崇拜自己的妻子，虽然周围的人都不喜欢她，而王后也不甘于坐在家里等她的丈夫回来，所以她积极准备，并参与了第二次十字军东征。这些事迹都成了后世的传说。据说，王后穿着亚马逊人的服装，骑着一匹白色的骏马，挥舞着剑，号召人们加入她的行列。不管事实是否真的如此，女王的骑士形象流传了下来。几个世纪以来，她与第二次十字军东征联系在一起。但这是一次失败的远征，人们把失败的原因归咎于埃莉诺，并因此而谴责她。

埃莉诺是天生的统治者。她是威廉十世、阿基坦公爵的第一个孩子。她的父亲非常宠爱她，而她接受的教育不是教她做一个顺从的王后，而是一个统治者。除了一般女性必备的家庭技能和刺绣针线等外，她还学习了历史和算术。除此之外，她还会说拉丁语，会骑马，她也是一个经验丰富的猎人。她在祖父威廉九世的宫廷里长大，徜徉在音乐和诗歌的海洋中，偏爱骑士典雅爱情一类的文学作品。这一切造就了一个活泼、聪明、自信、任性的姑娘。这些特质在当时的女性身上并不重要，但对埃莉诺来说却是必不可少

> 埃莉诺出逃后嫁给亨利，因为她不想被亨利的弟弟杰弗里绑架逼婚。

115

十字军东征

1096 年到 1291 年，耶路撒冷是战争的中心。一系列战争使数百万十字军战士战死沙场

1 1096年—1099年
黎凡特，安纳托利亚
随着土耳其军控制了圣地，教皇乌尔班二世号召十字军发起东征。基督教势力逐渐占领了耶路撒冷，而他们也开始建立拉丁基督教区域内的国家。
胜利者：十字军

2 1147年—1149年
伊比利亚，圣地，埃及
当埃德萨沦陷后，教皇尤金三世号召法国和德国的君主发起东征。但是这两支军队都被土耳其军打败了，因为拜占庭皇帝密谋反对十字军。
胜利者：穆斯林

3 1189年—1192年
黎凡特，安纳托利亚
耶路撒冷被萨拉丁征服后，英格兰国王理查一世和法国国王腓力二世联合起来希望将其夺回。他们取得了一系列的成功，尤其是在阿克和雅法，但未能占领耶路撒冷。
胜利者：十字军

4 1202年—1204年
巴尔干半岛
由于耶路撒冷仍在穆斯林的控制之下，第四次十字军东征开始了。尽管最初的目标是耶路撒冷，但在占领后，十字军反而洗劫了君士坦丁堡。这使得拜占庭帝国开始衰落。
胜利者：十字军

5 1213年—1221年
黎凡特，埃及
由于匈牙利和奥地利军队未能征服耶路撒冷，佛兰芒和弗里斯军队试图占领阿尤布，尽量避免十字军双线作战。十字军因为伤亡过大不得不撤退。
胜利者：穆斯林

6 1228年—1229年
塞浦路斯，近东
为了收回耶路撒冷，神圣罗马皇帝腓特烈二世利用外交手段和谎言获取了耶路撒冷，以换取与埃及苏丹休战十年。耶路撒冷在十字军控制下。
胜利者：十字军

7 1248年—1254年
曼苏拉，埃及
1244年，耶路撒冷被穆斯林控制，于是法国国王路易九世领导了一场十字军东征，想要夺回耶路撒冷。尽管最初取得了胜利，但最终十字军被击败，路易本人也被俘虏，付了赎金才得以安全归来。
胜利者：穆斯林

8/9 1270年—1272年
突尼斯，近东
路易九世最后一次试图夺回圣地，但在征途中因病去世。这令爱德华一世得以率军行进到阿克里，获得胜利。但国内的冲突又迫使他撤军。
胜利者：穆斯林

埃莉诺知识渊博，精明能干，相比之下，她丈夫就逊色不少。

的，因为她很快就会成为欧洲最有权势的继承人之一。

1130年春天，她唯一的弟弟和母亲相继去世。这使得埃莉诺成为法国最大的领地之一的假定继承人。她的领地甚至比国王拥有的还要大。这个王国很快就落入埃莉诺的手中。1137年，埃莉诺大约15岁时，她的父亲开始了朝圣之旅。他把女儿们托付给了波尔多大主教照顾。然而，在返程的路上，他因重病去世了。15岁的埃莉诺继承了普瓦图和阿基坦两处广袤的封地。

对于一个十几岁的女孩来说，统领大片的领土其实是非常危险的。那个时代渴望权力的男人会绑架女继承人，夺取她们的领土并要求获得爵位。埃莉诺的父亲知道这一点，于是把他的女儿置于法国国王路易六世的监护之下。威廉的遗嘱规定，在找到合适的丈夫之前，路易六世都要照顾埃莉诺和她的领土。身患绝症的老路易躺在床上，他非常清楚自己即将死去。几个小时后，路易六世安排埃莉诺嫁给了他的儿子路易王子，并把她的大片领土交给了法国新国王。

老路易将埃莉诺嫁给了他的儿子，因为他相信埃莉诺是个称职的妻子。她带着能巩固法国王权的土地，美丽、年轻、富有，是一位宫廷淑女。然而，埃莉诺绝不是一个安静、顺从的妻子。路易王子非常虔诚、温顺，是一个原本打算过如修道院般生活的人，但埃莉诺从小就学会了如何做一个统治者。她的知识比她的丈夫渊博，性格也比她丈夫坚强。因此，她的丈夫完全被她迷住了。老路易去世后，王子成了路易七世，埃莉诺成了法兰克人的王后。她活泼好动的性格在宫廷里不受欢迎，路易的母亲也讨厌她，认为她会对儿子产生不好的影响。尽管埃莉诺某些不寻常的行为使国王感到困惑和愤怒，但国王依然对她百依百顺。

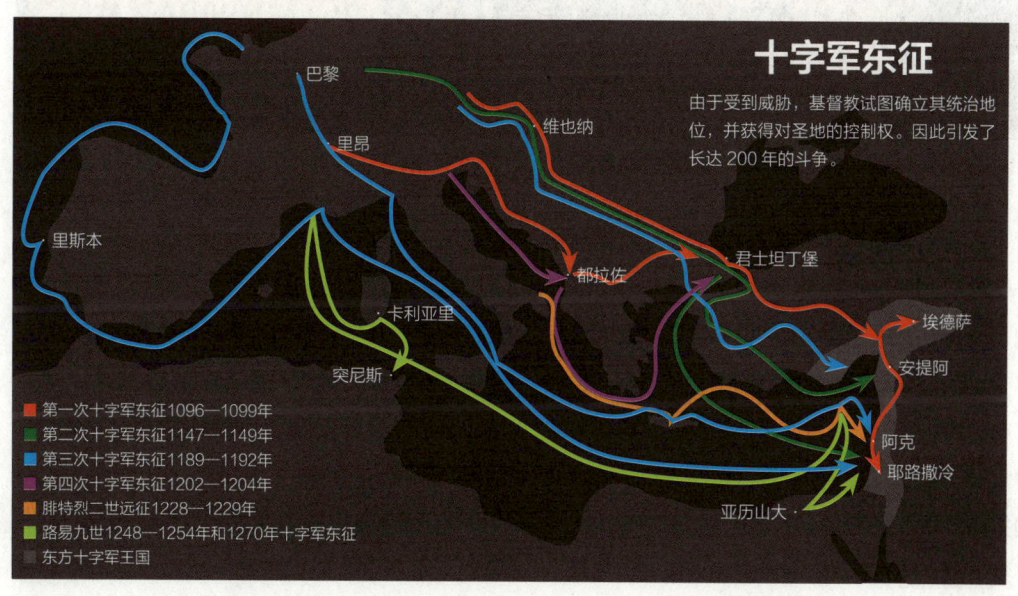

十字军东征

由于受到威胁，基督教试图确立其统治地位，并获得对圣地的控制权。因此引发了长达200年的斗争。

- 第一次十字军东征 1096—1099年
- 第二次十字军东征 1147—1149年
- 第三次十字军东征 1189—1192年
- 第四次十字军东征 1202—1204年
- 腓特烈二世远征 1228—1229年
- 路易九世1248—1254年和1270年十字军东征
- 东方十字军王国

▲ 第二次十字军东征领导者：康拉德三世、路易七世和鲍德温三世

路易七世是一个敏感而虔诚的人，但他是一个国王，而一个中世纪的国王是无法避免战争的。埃莉诺的妹妹佩特罗内拉与维曼多瓦的拉乌尔一世有一段不正当的风流韵事。拉乌尔一世娶了布洛瓦的强大统治者斯蒂芬的女儿，这导致战争爆发。在埃莉诺的鼓励下，路易支持了佩特罗内拉和拉乌尔。在这场冲突中，国王的军队火烧了维特里。惊恐的人们在教堂里避难，但教堂也被烧毁，1000多人在大火中丧生。

这件事对敏感的路易产生了深远的影响。他心怀内疚，脑中总是回响着临终者的尖叫。路易需要一次问心无愧的朝圣之旅。幸运的是，去圣地旅行的机会近在眼前，虽然这次旅程不像预想的那样顺利。

1145年秋，教皇尤金三世呼吁路易发起一场十字军东征，以保护被十字军占据的耶路撒冷。国王答应了，但他不会独自发动战争。

埃莉诺不仅决定加入她丈夫发起的十字军东征，而且比他更加狂热。在她19岁时，她帮助教廷与其他领主作战，他们很乐意接受。然而此时，当她宣布她将在300名侍女的陪伴下加入十字军时，他们就不那么高兴了。埃莉诺说她和她的侍女将帮助照料伤员，但也有可能是任性的王后不太喜欢她温顺的丈夫独自率兵作战。于是她任命自己为军队的指挥官，和丈夫一起出发了。

女子们身穿盔甲，手持长矛，但没有参加战斗。尽管如此，300名女子与骑士一同出征也备受质疑。埃莉诺一点也不受批评的影响。尽管教会可能不认可她，但当军队到达君士坦丁堡时，这位勇敢的王后很快就给人留下了深刻的印象，并被称为神话中的亚马逊人女王。

不幸的是，十字军东征并不顺利。拜占庭皇帝告诉法国人，他们的盟友德国国王康拉德战胜了土耳其军队。法国军队继续前进，却在营地附近发现了生病的康拉德。欧洲军队没有获胜，他们战败了。法国军队和剩下的德国军队匆忙且有些不安地向埃莉诺的叔叔统治的安提阿进发。

十字军根本不知道他们已经被土耳其人跟

▼ 1147年，路易和埃莉诺从圣丹尼斯大教堂出发，开始十字军东征

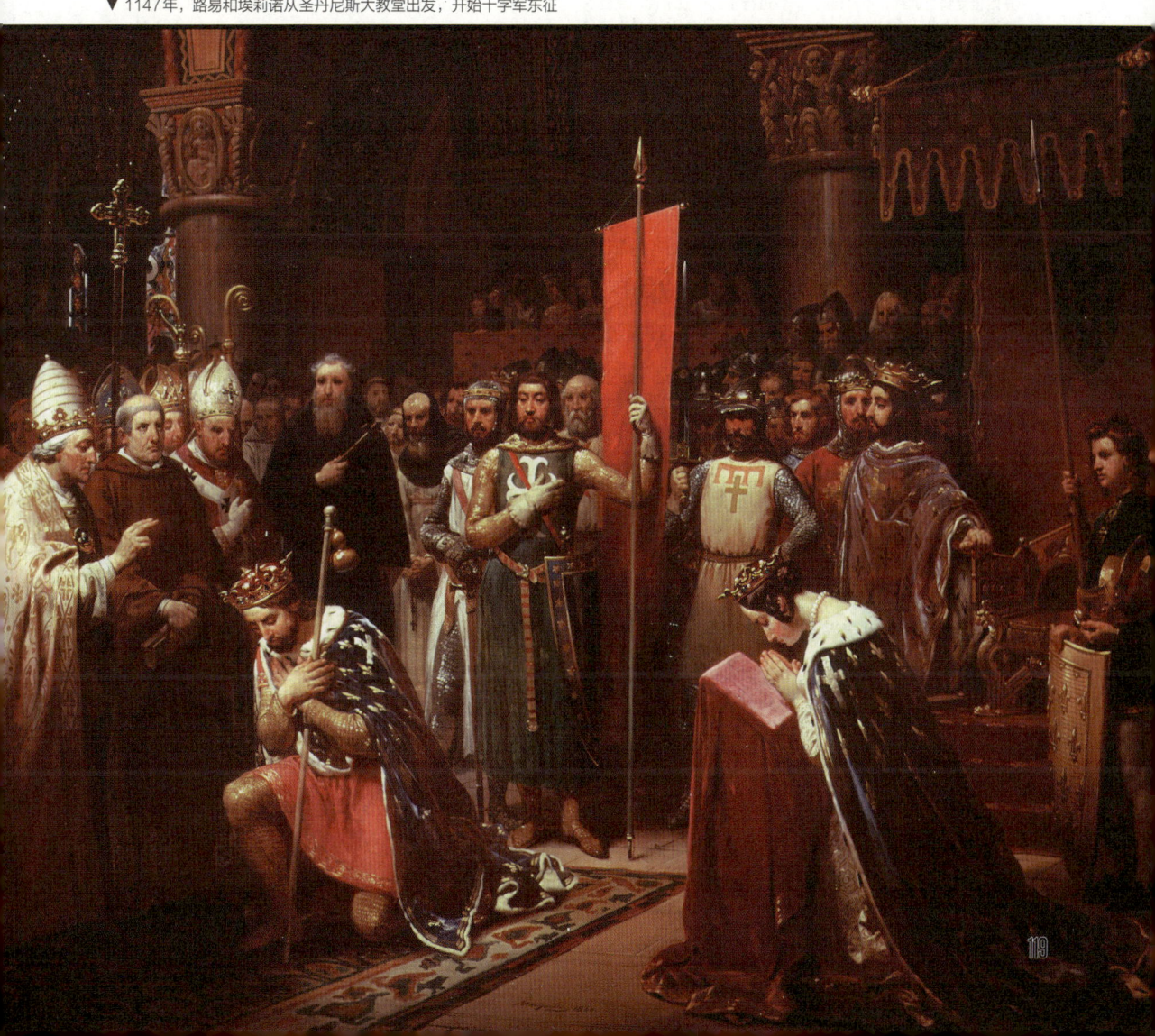

在中世纪欧洲成长

出生在中世纪，意味着注定要走一条特定的道路

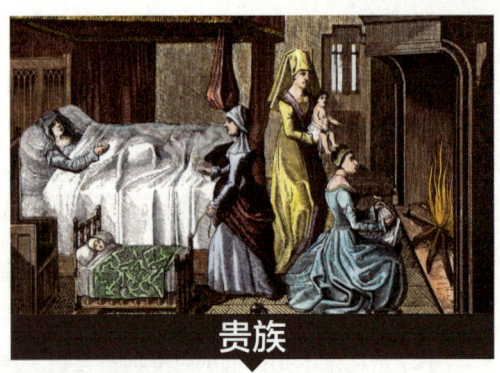

贵族

男孩： 人们追求生男孩以延续家族的姓氏，王室男孩尤其受到重视。贵族子弟在7岁时就开始接受骑士训练，不合格的被送进修道院。最受欢迎的男孩玩具是木制士兵、玩具马和鞭子。

女孩： 养育女儿是昂贵的，因为必须在婚礼上支付给新郎一笔嫁妆，这可能在女孩7岁时就进行了。一般来说，高贵的女孩在很小的时候就被训练成淑女，学习编织、唱歌、演奏乐器及照顾孩子。

农民

男孩： 在贫穷的家庭里，男孩要帮助照看田地和牲畜。农民劳作辛苦又耗时，年幼的孩子无人照看。贫穷的孩子除了能在教堂里接受教育外，几乎没有人会读书。

女孩： 农家的女孩帮助做家务。由于农民的收入只能勉强糊口，所以女孩的玩具很少，而且通常是手工制作的。和贵族女子一样，农家的女孩一长大就出嫁了。

踪了。法国国王决定让队伍分开行进：路易和辎重车队走在队伍的后面，埃莉诺和她的封臣杰弗里·德·兰孔在前面开路。虽然先头部队到达了计划扎营的山顶，但兰孔却决定不等后面的队伍，继续前进。后面的队伍因为满载着行李，速度缓慢。尽管他们已尽量快走，但还是被落下一段路程。土耳其军抓住了这个机会。后面的法国军队，包括许多手无寸铁的朝圣者，在毫无准备的情况下被土耳其军团团围住。任何试图逃跑的人都被杀死。国王穿着朝圣者的衣服躲起来才勉强逃脱。

德·兰孔为此遭到责难，又因为他是埃莉诺的封臣，所以矛头也指向埃莉诺。她的士兵走在前面，没有参与其中，但这无法使她免受谴责。甚至有人认为，大部分行李是她的，因此，尽管埃莉诺没有参加战斗，但她依然要为这次失败负主要责任。埃莉诺夫妇之间的紧张关系达到白热化。

十字军到达安提阿城后，埃莉诺与城主雷蒙德旧情重温。雷蒙德从辈分算是埃莉诺的舅舅。但他不仅与埃莉诺年龄相仿，而且身材高大，英俊迷人。因两人在一起的时间太多，所以关于两人私通的谣言很快就传开了。雷蒙德建议，首先占领圣地的战略要塞埃德萨，但路易认为应该向耶路撒冷进发。埃莉诺支持雷蒙德的提议，而这成了压倒骆驼的最后一根稻草。这位温顺而又忠诚的国王再也无法忍受了。

路易要求埃莉诺跟他走，这可能是婚后第一次。王后很生气，开始责难这段婚姻，声称她和丈夫关系太密切，没有自由，宁愿离婚。路易当然不同意。为了树立权威，他强行把埃莉诺从她的舅舅身边带走，前往耶路撒冷。埃莉诺生来就

是要统治、指挥和控制别人的,这对她来说是无以伦比的羞耻。接下来的十字军东征之旅收效甚微,路易对大马士革的进攻也失败了。这对夫妇分乘不同船只返回法国。

她可以接受敏感而慷慨的丈夫,但在十字军东征后,国王越来越怀疑妻子和她舅舅之间的关系。尽管他们有了孩子,却没有男性继承人,宫廷里男爵们对埃莉诺的反对声音也越来越大。国王没有选择,1152年,他们的婚姻结束了。狡猾的老路易为他儿子谋得的土地也被夺走了。埃莉诺在30岁时再次成为欧洲最受人追捧的继承人之一。

埃莉诺不再是那个15岁的天真女孩,她已经长大成人,通晓世事,知识渊博。她知道自己必须再婚,而且一定要自己做主挑选夫君。躲过了几次绑架和强迫婚姻之后,她与诺曼底公爵、

爱之法庭
埃莉诺不仅能率领十字军东征,也善于经营典雅爱情

1168年,亨利二世护送埃莉诺到普瓦捷宫廷,在那里她一直待到1173年。五年间,她深刻影响了当时的社会文化。直到今天,历史学家们仍在争论,这个"爱之法庭"究竟做了些什么。一些学者认为,埃莉诺、她的女儿玛丽及同时代的其他杰出女性主宰了陪审团。她们倾听恋人之间的争吵,解决他们的问题,并试图寻求爱的真谛。据记载,留存下来的有21个各有特色的案例,其中讨论了很多问题,诸如婚姻中是否存在真爱等。当时的女性得出的结论是,真爱不可能存在。这一说法似乎传递出这样的信息——是埃莉诺首次将骑士文化和典雅爱情相结合的,但事实并非如此。典雅爱情之说早在埃莉诺"爱之法庭"之前就已盛行。因此,很可能是普瓦捷宫廷进一步推广了典雅爱情的理念,使其为大众所熟知。

未来的英格兰国王亨利结合了。亨利也不笨,他立即动身去迎娶埃莉诺。她与路易解除婚约后,仅仅不到2个月,她就嫁给了这个与她性格相似的男人。

1154年,亨利成为英格兰国王亨利二世,他的土地与埃莉诺的土地合并。这个统一的英格兰,使诺曼底和法国西部成为一个强大而有影响力的王国。

然而,亨利和埃莉诺都是强势又支配欲强的人。亨利是长子,生来就是要当统治者的。他随心所欲,脾气暴躁,有时甚至可怕。埃莉诺比他大11岁,自视甚高,不准备服从一个专横的丈夫的命令。尽管他们的关系风雨交加,但这对夫妇还是生了5个儿子和3个女儿,统治着一个非比寻常的中世纪帝国。

然而,一场风暴正在酝酿之中。亨利被激情冲昏了头脑,做了许多荒唐事,有好多情妇。他与一位名叫罗莎蒙德·克利福德的情妇的风流韵

▲ 路易七世与埃莉诺的婚姻于1152年宣告终结

事尽人皆知,使得他那高傲任性的妻子几近崩溃。埃莉诺启程前往她的故乡阿基坦,并带走了她的几个孩子,包括她选定的继承人理查。她厌倦了丈夫的吩咐,她想自己统治阿基坦。

埃莉诺并不是唯一一个被亨利逼到极限的人。她的几个儿子继承了她高傲、固执的天性,对父亲也忍无可忍。可能是在埃莉诺的鼓励下,小亨利秘密前往阿基坦,与他的两个兄弟——理查和杰弗里会合。他们决定一起反抗他们的父亲。多年来,丈夫对埃莉诺不忠,孩子也让她操碎了心,权力又被夺走,这一切都是埃莉诺反叛的导火索,而这也是她和爱子理查统治阿基坦的好机会。但是埃莉诺的命运并非一帆风顺,这次也一样。叛乱被镇压,这个天生的统治者被关进了监狱。

在接下来的16年中,埃莉诺被囚禁在英格兰,过着屈辱的生活。更糟的是,多年来和儿子们的联系被断绝,母子变得疏远。但50岁的埃莉诺仍等待着再次统治王国的机会。直到她那脾

▲ 埃莉诺被认为是"优雅、可爱、魅力的化身"

埃莉诺从传说的抹大拉的玛利亚的坟墓发起十字军东征

这幅《最后的十字军战士》描绘了最后一次十字军东征后骑士回家的情景

安茹帝国的扩张

1152年,安茹伯爵、诺曼底公爵亨利与埃莉诺结婚。诺曼底、安茹、缅因、图雷因、阿基坦、加斯科涅、普瓦图和奥弗涅等地区被合并在一起。他们的儿子杰弗里又把布列塔尼并入版图。一个如此庞大的帝国对法国构成了真正的威胁。

- ■ 1144年以前:缅因、安茹、图雷因
- ■ 1144年:诺曼底
- ■ 1152年:阿基坦,埃莉诺的领地
- ■ 1154年:英格兰
- ■ 1166年:布列塔尼,亨利二世之子的领地
- ■ 法兰西王国
- ■ 法国国王的皇家领地
- ■ 图卢兹伯爵的财产

气暴躁的丈夫去世,她终于又一次获得了自由。

亨利于1189年去世,理查一世成为统治者。虽然与母亲变得疏远,但他登基后的第一件事就是把母亲从监狱里释放出来。埃莉诺在生命的黄昏时刻,终于等来了她生来就想扮演的角色——统治者。理查,也就是后来的"狮心王"理查,参加了第三次十字军东征,而她作为摄政王统治着英格兰。她保护着儿子的土地,甚至在理查被捕时利用她的政治智慧多方斡旋以解救他。埃莉诺的臣民们都称赞她是一位能干、聪明、坚强的女王。尽管埃莉诺对此可能并不在意,但她最终赢得了人们的爱戴。

女王不会让年龄成为自己行动的障碍。她经常周游欧洲国家,为她的孩子们巩固婚姻,管理军队,建立一个强大且有影响力的帝国。在70岁时,她翻过比利牛斯山,为理查寻找他的妻子,然后继续穿越阿尔卑斯山。她几乎比她所有的孩子都活得更久,并且活到了她最小的儿子约翰的统治时期。尽管埃莉诺意志坚定,但她也无法抗衡生命发展的自然规律。1204年,82岁的埃莉诺去世了,葬在她深爱的儿子理查身边。她的精神不仅延续在她的孩子身上,也延续在她的领土上。尽管许多人因为她年轻时的轻浮而对她不屑一顾,但她已经证明了自己是一个英明且积极进取的统治者。在她生命中最后几年陪伴她的修女们写道,她"几乎超越了世界上所有的女王"。

1533—1603

伊丽莎白一世

**她击退了外国入侵，镇压了国内叛乱。
但她的统治期真的是黄金时代吗？**

1588年，伊丽莎白一世没有采纳其得力助手的建议，而是骑着灰色骏马赶到埃塞克斯郡蒂尔伯里，向那里的士兵发表演讲，准备击退西班牙无敌舰队的入侵。这篇演讲因为其中一句话被载入史册："我很清楚，从外表看，我是个软弱无力的女人；但我实际上是一个国王，英格兰国王。"

女王的演讲被转成手稿后发给士兵们。虽然士兵们听不到女王的演讲，但他们仿佛看到了身穿盔甲，骑着骏马，随时准备与他们并肩作战，击退入侵者的君主。几百年来，世人熟知伊丽莎白的外在，但她更多的内在是人们不了解的。伊丽莎白足智多谋，反复无常；但她也会被爱情蒙住双眼，哪怕只是暂时的。

女王聪明绝顶，知道人们想要什么，对国王有什么期望。她似乎一直对此都很敏锐，但她必须应对外国的入侵和国内的叛乱。在她登上王位后，英国经历了最伟大的胜利和最黑暗的时刻。

1558年11月，伊丽莎白即位时，整个欧洲人心惶惶。信奉新教的新女王将如何继承她的天主教教徒姐姐玛丽一世的统治？面对不稳定的国家和国内外的阴谋，需要外交手腕、智慧和勇气。伊丽莎白一直具备这三种品质。事实上，这种不稳定的局面对她来说早已司空见惯。伊丽莎白从出生的那一刻起，地位就岌岌可危。她是亨利八世与其第二任妻子安妮·博林的女儿，被信奉天主教的英国人认定为私生子。国王与阿拉贡的凯瑟琳离婚被认为是非法的。在天主教教徒眼中，凯瑟琳的女儿玛丽才是唯一合法的王位继承人。

虽然亨利八世和安妮王后都非常想要一个男孩,但安妮王后对她的公主却宠爱有加。安妮王后在1536年因未能为国王生下一名男性继承人而被处死。尽管亨利八世的第三任王后简·西摩对伊丽莎白和玛丽很好,但她的儿子、亨利八世的继承人爱德华出生了。亨利直到1542年才经常与伊丽莎白见面,觉得应该与他的小女儿熟络一下。这时他才发现伊丽莎白既聪明又迷人,于是决定让玛丽和伊丽莎白重新回到他的家族。

1543年,亨利八世迎娶了他的最后一位王后——凯瑟琳·帕尔。王室内部的关系也变得和谐,因为玛丽把年幼的爱德华当成儿子对待,而伊丽莎白则与他们两人保持着兄弟姐妹的关系。然而,父亲去世后,爱德华继承了王位,他们之间开始出现裂痕。首先,伊丽莎白不得不处理与凯瑟琳的新丈夫托马斯·西摩的情爱。这在1548年引起了一场宫廷丑闻。西摩的意图被认为是叛国,而且据说伊丽莎白怀孕了,但年轻的公主否认了传言,这使审问她的人不知所措。他写道:"她很聪明,只有用计,才能引她说出实情。"

女王聪明绝顶,知道人们想要什么,对国王有什么期望。她似乎一直对此都很敏锐。

伊丽莎白算账算得怎么样?

虽然人们普遍认为玛丽一世去世时,英国国内状况很糟糕,但利安达·德莱尔解释称,伊丽莎白时期的财政状况也让人大失所望。玛丽一世去世时,英国负债22.7万英镑;而伊丽莎白时期则负债35万英镑。"玛丽的统治不是一场'灾难'。玛丽总被冠以'血腥玛丽'的称谓,人们很少称她'玛丽一世',这都是性别和宗教偏见造成的。"德莱尔解释,"玛丽一世指定伊丽莎白为她的继承人。尽管这对姐妹感情不好,但王位继承还是和平交接。而伊丽莎白一世却一直不肯指定继承人。1562年,她自觉大限将至,便指定罗伯特·达德利做护国公,收入2万英镑。由于战争的代价和风险,尽管伊丽莎白不愿意参与战争,但与西班牙的冲突还是持续了很多年。她把商品垄断权赏给宠臣,然而很多农作物歉收。"德莱尔说,虽然1588年伊丽莎白成功击退了无敌舰队,"但人们忘记了战争仍在继续,国家和王室穷困潦倒,官员腐败使国家每况愈下,包括罗伯特·塞西尔等声名狼藉的高级官员在内"。16世纪90年代,人们吃不上饭,精英阶层开始担心可能会发生革命。

结论

伊丽莎白被迫处理一些她无法控制的情况,比如农业歉收和与西班牙的持续冲突。但事实上,她并不像许多人认为的那样,在财政方面创造了奇迹。

16世纪的借贷

在英国商人托马斯·格雷沙姆成名之前,都铎王朝从安特卫普交易所等欧洲大银行借钱。然而,这些银行收取了很高的利率。人们普遍认为,在欧洲四处借钱无助于改善英国的大国形象。钱也可以从独立的商人处借,比如霍雷肖·帕拉维奇诺。在伊丽莎白统治后期,英国政府被迫向他借钱。格雷沙姆之前帮助爱德华六世摆脱了大部分债务,并于1571年建立了皇家交易所。既然伊丽莎白可以在英国国内寻求贷款,那么她就可以施加更大的压力来达到目的,而如果议会支持,她就能得到更多资金。王室的收入用来支付基本的管理费用,而议会可以增加战争基金。后来,女王开始逐步加大税收,但这引来一片骂声。

▲ 伊丽莎白女王一世开办皇家交易所

一旦玛丽登上王位，这种做法会对她很有帮助，但并不是所有人都像玛丽一样擅长权力的游戏。西摩于次年被处决。

由于坚定的天主教教徒玛丽拒绝改变信仰，于是爱德华着手废除他两个姐姐的王位继承权，并把希望寄托在他的表妹简·格雷身上。然而，王子在他短暂的一生中健康状况不佳，他在契约签署之前就去世了，玛丽成为英国的新女王。就像爱德华要求玛丽改变她的信仰一样，新女王决定让她的妹妹也改变信仰。伊丽莎白不情愿地默

▲ 这幅画作描绘了1558年伊丽莎白一世的加冕礼

许了，但新教教徒和天主教教徒都清楚，她真正效忠的仍然是她父亲信仰的英国国教会，而不是教皇的天主教会。在玛丽统治期间，许多人策划的阴谋都是为了让伊丽莎白登上王位。尽管这些阴谋没有得逞，但也几乎将玛丽置于死地。

1554年，玛丽宣布将嫁给西班牙国王菲利普时，托马斯·怀亚特以拥立伊丽莎白之名发动了政变。玛丽的报复残酷而迅速。她不仅处决了罪魁祸首，还处决了简·格雷。伊丽莎白声称自己对政变的事情一无所知。1555年，另一次叛乱未遂。一年后，伊丽莎白故技重施，但玛丽逐渐对她失去耐心，把她监禁在伦敦塔。同时，一些天主教支持者要求处决她。伊丽莎白前景不容乐观。几个月后，玛丽在政治上铤而走险。为了给丈夫传宗接代，也为了给英国生下一位天主教继承人，解决悬而未决的王位继承人问题，玛丽不顾一切宣布她怀孕了。但到1558年，事实证明，玛丽并非怀孕，而是得了绝症。她的健康状况迅速恶化，于同年11月17日去世。她临死前恳求伊丽莎白在继承王位后继续保持英国天主教的地位。但显然，她的愿望是不可能实现的。

伊丽莎白在加冕典礼上表现出对新教和天主教不偏不倚的立场。无数双眼睛盯着她，希望能看到明显的新教或天主教倾向，但伊丽莎白让他们失望了。取而代之的是，伊丽莎白在加冕典礼上表示，将把大英帝国的复兴作为国家的目标。新女王很清楚，如果她想顺利度过执政初期的艰难时刻，就需要可靠而精明的顾问。她看中了威廉·塞西尔和罗伯特·达德利。塞西尔曾效忠于爱德华，在玛丽统治时期也没有离开，对伊丽莎白更是忠心耿耿。与之相对，对达德利的任命却是出于女王对他的偏爱，与他的政治能力毫无关系。他自幼与伊丽莎白交好，而女王对他的感情有增无减。甚至有流言说他们二人白天和晚上都

▲ 苏格兰女王玛丽的画像。她因密谋反对伊丽莎白一世被处死

在一起。

塞西尔与达德利的意见相左，同意议会多数人的观点，认为伊丽莎白应该尽快结婚。

法国和西班牙也在盯着英国。因此，女王为了自己和国家的安全，与这些大国之一缔结婚姻联盟是合情合理的。菲利普二世毫不掩饰他想娶伊丽莎白的想法，但女王却对玛丽的前夫毫无兴趣。有人建议可以把安茹的亨利视作配偶人选，可他还是个孩子。伊丽莎白宣称，自己为了守护大英帝国，终身不嫁。但在1560年，达德利的妻子艾米从楼梯上摔下来后突然去世。外界盛传，这是达德利为了与女王结婚而害死了自己的妻子。因此，伊丽莎白迫于压力，将他逐出宫廷。

1561年，伊丽莎白的表妹，苏格兰女王玛丽，从法国回到苏格兰。对多数天主教教徒来说，玛丽是真正的继承者。她不遗余力地迎合了

那些拥立天主教君主的呼声。她来得正是时候，因为此时伊丽莎白得了天花，濒临死亡。然而，女王很快就恢复了健康。达德利的丑闻随着时间推移慢慢被人们淡忘了。伊丽莎白让他做了护国公，重返宫廷，之后又撮合他和玛丽结婚，使众人大为震惊。

这充分显示了伊丽莎白精明的政治头脑。她很清楚，如果苏格兰拥有天主教继承人，权力就会扩大。而由她最爱的人和苏格兰女王玛丽结合，所生的继承人或许会使两个国家联合。然而，达德利拒绝了提议，而玛丽也没有兴趣嫁给她表姐的情人。

玛丽没有屈从这桩政治婚姻，而是选择了爱情，嫁给了亨利·达恩利勋爵。这也许会导致伊丽莎白与达德利爱火重燃，议会因此大为不安，尤其是雄心勃勃的诺福克勋爵。诺福克和达德利的矛盾日益激化。伊丽莎白清楚，展示自己权威的时候到了。"站在你面前的是你的情妇，而不是你的主人。"她对达德利说。这既是一个政治声明，也是一个个人声明。因为女王没有丈夫和继承人，所以形势对她不利。

1566年，玛丽生下了儿子詹姆斯，但她整日郁郁寡欢。达恩利是一个暴力、酗酒的丈夫。人们都传言他残忍地杀害了妻子的秘密情人大卫·里吉奥。一年后，达恩利被发现死在一所房子的花园里。玛丽很快嫁给了博思韦尔伯爵，也就是传说杀害达恩利的那个人。此时，苏格兰军奋起反抗玛丽。由于被囚禁和被迫退位，玛丽最终逃到了英国。伊丽莎白同意庇护玛丽，但她的到来意味着天主教教徒多了一个名义上的领袖，并最终导致了一场叛乱。

北方的伯爵们建议诺福克迎娶玛丽。很快，北方叛乱开始了。随着叛军向南挺进，伊丽莎白把玛丽转移到考文垂，并召集了自己的军队。南方的伯爵们团结起来支持她，这使叛军大为震惊，并开始撤退。伊丽莎白迅速取得了决定性的胜利，700人被处决。诺福克被捕，但由于缺乏确凿证据，死刑被推迟执行，直到他被牵连进里多尔菲阴谋中。该阴谋企图推翻伊丽莎白一世，让西班牙的菲利普二世成为国王。伊丽莎白三次下令解除了对诺福克的死刑，最后才下定决心执行死刑。这也证明她有时是多么优柔寡断。

教皇下令，任何谋杀英国女王的凶手都将得到宽恕，菲利普国王对此铭记于心。伊丽莎白不想冒险开战，就利用其他手段激怒敌人。她不声不响地资助了约翰·霍金斯，后来又资助了他的堂兄弗朗西斯·德雷克的海盗事业。1577年，德雷克计划前往南美掠夺西班牙黄金，伊丽莎白与他的法国大使弗朗西斯·沃尔辛厄姆会面。

这件事必须对谨慎的塞西尔守口如瓶。但女王明确表示支持德雷克："我很乐意为我所受到的各种伤害找西班牙国王报仇。"德雷克曾横渡麦哲伦海峡，并劫持了一艘载有价值20万英镑黄金的西班牙船只。他决定横渡太平洋，成为第一个环游世界的英国人。伊丽莎白为他的成就感到自豪。1581年，女王会见西班牙大使时，特意戴上了德雷克作为战利品送给她的十字架。她与德雷克在著名的金鹿餐厅共进晚餐，并授予他爵位。

海盗行径与1572年的事件形成了鲜明的对

女王的报复残酷而迅速，不仅处决了罪魁祸首，还处决了简·格雷。

宗教妥协达成了吗?

英国国教会保持中立。虽然伊丽莎白是新教教徒,但她并不像某些委员会成员那样。她在1558年引入了《至尊法案》,重申了英国与罗马的分离,确立了她作为教会领袖的地位。伊丽莎白深知将宗教强加于人的危险,因此允许天主教继续存在,但前提是秘密进行。然而,利安达·德莱尔提醒人们,应当看到伊丽莎白女王并非一味妥协,在适当的时候,她也会出台严酷的政策。"伊丽莎白的保守主义和实用主义给人一种宗教温和派的印象,与'狂热的'玛丽一世形成鲜明对比。"她解释。作为一个天主教国家的新教女王,伊丽莎白起初必须是温和的,但当她的统治稳固以后,她其实和玛丽一世一样,在政权面临威胁时,表现得冷酷无情。平息北方叛乱,数百名村民被处决,这种铁腕镇压远远超过玛丽一世。她后来对天主教教徒的迫害也是残酷无情的。鲜为人知的是,她还焚烧异教徒,即再洗礼派教徒。无论是新教教徒还是天主教教徒,如果谁敢公然违反英国国教会的法律,一律被处决。

天主教会

1 宗教仪式用拉丁语举行,而英国多数人并不懂拉丁语,这样就不能保证每个英国人都能理解宗教改革的内容,这与宗教改革的理想背道而驰。英语版祈祷书被列为禁书。

2 教堂的家具被恢复到以前的奢华状态。建筑物完全用天主教艺术品装饰。

3 重新引入天主教弥撒,法律禁止圣餐礼。

4 牧师是不允许结婚的。在新法实施之前,结婚的牧师有两个选择:离开家庭或失去工作。

英国国教会

1 牧师的形象变得简单。他们不允许穿罗马天主教的法衣,如白色法衣。

2 十字架阁楼是一个描绘耶稣受难的屏幕,在天主教教堂中很常见。所有的十字架阁楼都被移除。教皇不是教会的领袖。

3 主教的《圣经》被废除拉丁文版,恢复成英文版,并向广大读者开放。

4 普遍摒弃"迷信"的做法,如在圣餐时做十字手势。简约是清教徒所追求的。

结论

在统治的动荡时期,伊丽莎白成功地保持了温和的中间立场。但如果她制定的规则被打破,她也会毫不留情地予以打击。

比。巴黎圣巴塞洛缪日大屠杀中,法国加尔文宗新教教徒遭到暗杀。此事震惊了英国。大使弗朗西斯·沃尔辛厄姆爵士被迫避难。伊丽莎白把他带回伦敦,让他做了间谍头目。沃尔辛厄姆提醒女王,苏格兰女王玛丽是个非常危险的人物。叛乱不仅使英国新教教徒感到震惊,同时也预示着信奉新教的荷兰及其蓬勃发展的羊毛贸易将很快陷入危险境地。

"沉默的威廉"向伊丽莎白请求军事援助,但女王拒绝了,因为她不想让人看出她在干涉此事,也不想为西班牙的菲利普国王提供发动进攻的借口。沃尔辛厄姆建议发动战争,而塞西尔则倡导和平联姻。因此,伊丽莎白萌生了嫁给安茹公爵的想法,这比她最初的想法晚了约10年。那时,他是丑陋的青年,而她是美丽的女王。现在,她人老色衰,法国大使奉承她,安茹来信向她求婚,女王渐渐动了心。最终,二人见面。伊丽莎白似乎坠入了爱河,但人们真正关心的是英国人民会作何反应。

"1561年,伊丽莎白向苏格兰女王玛丽的使者表达了这样的焦虑:自己不能嫁给任何人,因为无论嫁给谁,都会引发政治集团或国家的动

伊丽莎白真的渴望进入新世界吗?

尽管印度的贸易扩张发生在伊丽莎白统治时期,但就探险而言,最令人难忘的是英国对殖民北美的尝试。西班牙人和葡萄牙人宣称对南美洲大部分地区拥有主权,建立了利润丰厚的贸易路线,但北美还没有被开发。伊丽莎白不愿资助探险航行的原因与她不愿资助战争的原因大致相同;探险耗资巨大而且危险重重。然而,她可以从宠臣那里得到财富支持的承诺。水手戴维·英格拉姆回到英国后,盛赞北美土地肥沃,民风淳朴。因此,地理学家理查德·哈库依特开始策划,由沃尔特·罗利领导一次真正的探险。女王得到了财富的承诺,再加上罗利的奉承,终于同意远征,希望建立一个以她的名字命名的殖民地:弗吉尼亚。第一批殖民者出征了,罗利紧随其后。罗利到达那里后,发现殖民计划失败了,殖民者们都急于离开那里。罗利又尝试前往切萨皮克湾建立殖民地,但由约翰·怀特领导的第一批殖民者已经返回了罗阿诺克。罗利带领第二批殖民者到达罗阿诺克后,发现第一批殖民者早已不知所终。伊丽莎白感到很失望,斥巨资筹划的冒险赔了钱。而这几次探险只有一个目的,用德莱尔的话简单说就是"赚钱"。

结论

伊丽莎白时代以探险著称于世,这很大程度上是因为可以从中谋利。海盗冒险是有利可图的,但殖民却不是。

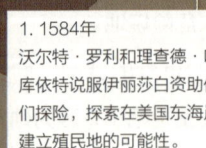

2. 1585年
罗利向女王报告了好消息,并派殖民者在弗吉尼亚的罗阿诺克定居。但等他后来到达那里时,庄稼已经歉收,英国人都迫不及待地要离开那里。

3. 1587年
罗利试图在切萨皮克湾建立殖民地,但殖民者们已前往罗阿诺克。当罗利到达罗阿诺克时,150名殖民者都已失踪,只剩下一具骨架。

1. 1584年
沃尔特·罗利和理查德·哈库依特说服伊丽莎白资助他们探险,探索在美国东海岸建立殖民地的可能性。

女王集结军队，宣布将与他们并肩作战，击退任何胆敢踏上他们土地的人。

荡。尤其是看到苏格兰女王玛丽先后与达恩利和博思韦尔的灾难性的婚姻，这种焦虑进一步加深，最终使她放弃了结婚的想法。"《都铎王朝》的作者利安达·德莱尔解释，"伊丽莎白继续公开挑选丈夫，是为了满足国民的愿望，并生下一个无可争议的王位继承人。她当然希望这个愿望会实现。于是，她选择嫁给她的大英帝国。这是她从玛丽·都铎那里学到的经验。玛丽一世结了婚，而伊丽莎白却没有。因为无论她选择嫁给谁，都会有人反对，继而引发叛乱。"

尽管她很想嫁给那个被她称为"青蛙"的男人，但英国人对他们的女王嫁给一个法国天主教教徒表示反感。一本谴责他们二人结合的小册子出现后，伊丽莎白下令砍掉了作者和印刷者的右手。她的枢密院被一分为二，因为妒火中烧的罗伯特·达德利强烈反对女王嫁给安茹。伊丽莎白很伤心，但她同意弃权。她给了安茹1万英镑，让他继续在荷兰与菲利普作战，但从此没有再见他。安茹试图独揽大权，但计划失败。一年后，他就去世了。

1584年，"沉默的威廉"在自己家中被一名天主教狂热分子刺杀。很明显，军事干预不能再推迟了。1585年，女王同意派遣一支小队，这让那些不耐烦的议员们松了一口气。达德利在荷兰掌权，但事实证明，他非常无能，以至于领土都被菲利普的将军帕尔马公爵夺走了。玛丽现在比以前更危险。在弗朗西斯·沃尔辛厄姆的敦促

▲ 苏格兰女王玛丽返回爱丁堡

伊丽莎白女王一世于1581年授予弗朗西斯·德雷克爵位

下，伊丽莎白下令监禁玛丽，因为沃尔辛厄姆觉得她应当被处决。于是，沃尔辛厄姆安排了一个仆人去服侍玛丽，但实际上他是个密探。这位仆人建议玛丽把信件藏在啤酒桶里，玛丽上当了。这样沃尔辛厄姆窥探了玛丽所有的秘密。托马斯·巴宾登写信给玛丽，打算暗杀伊丽莎白，并把王位让给玛丽，玛丽回信表示赞同。间谍头子沃尔辛厄姆设下的圈套非常有效，成功诱捕了不知情的玛丽。

沃尔辛厄姆立即采取行动，下令处决同谋者。伊丽莎白一直不愿处决她的表妹，但她同意令其接受审判。法院判决玛丽被处死，人们并不感到惊讶。伊丽莎白为玛丽感到悲伤，至少为她的死感到悲伤。发出逮捕令的人被监禁，并被剥夺了头衔。

伊丽莎白不愿意签署死刑执行令，或者不愿意由她亲笔签署。不知伊丽莎白的悲痛有多少是发自内心的，但她对玛丽被处决这件事深恶痛绝。

"伊丽莎白不愿意让民众看到英格兰贵族被处决，比如诺福克与玛丽先后被处决。"德莱尔说，"但这并不代表女王对他们的死感到遗憾。她曾清楚地表示，她宁愿玛丽是被谋杀的，而不是被处死的。"

"同样值得注意的是，她在下令处死出身卑微的叛国者时相当无情。北方叛乱后被处死的900多名叛国者就证明了这一点。该数字是亨利八世在更为严肃的朝圣之后处死人数的3倍，是玛丽一世在怀亚特起义之后处死人数的10倍。"

玛丽的死给菲利普二世提供了宣战的理由。他的西班牙舰队与帕尔马公爵在荷兰的部队进行了协调，两支部队在开往英格兰之前进行了会面。

女王对玛丽被处决一事深恶痛绝。

他们于1588年7月12日出发。他们的船只数量是英国的两倍，但英国船只更有优势：体积小，速度快，而且专门为携带枪支而设计，不为载人。英国船只在公海上智取西班牙舰队，并与他们进行小规模战斗。就在此时，伊丽莎白骑马迎接了她的军队。

西班牙大军压境，女王为鼓舞士气宣布她将与士兵并肩作战，击退任何胆敢进犯的人。这种哗众取宠的行为令人印象深刻，可能已经被载入史册，但其实没必要。西班牙无敌舰队失败了，伊丽莎白的胜利巩固了她的地位。"黄金时代"开始了，艺术和文学在英国空前繁荣。英国

▲ 苏格兰女王玛丽被处决

黄金时代的主要成员

议会和政府

威廉·塞西尔

1520年—1598年

塞西尔是一位精明的政治操盘手，他深知未来的艰难处境。他是伊丽莎白第一个任命的官员，对女王忠心耿耿，鞠躬尽瘁。虽然他主张女王结婚，与女王的意见相左，但女王清楚，塞西尔的价值无可估量。所以，即便他老弱多病、耳聋眼花，女王还是尽力挽留他。

罗伯特·达德利

1532年—1588年

达德利自幼与伊丽莎白交好，是她的初恋情人。他被任命为朝廷大臣主要是因为女王对他的爱恋，而不是因为他的政治才能。事实证明，他在朝廷任职期间一直没有摆脱谣言和丑闻。二人的关系摇摆不定，而又充满激情。

弗朗西斯·沃尔辛厄姆

1532年—1590年

玛丽去世后，新教教徒沃尔辛厄姆被允许返回英格兰，并很快成为伊丽莎白最宝贵的财富之一。作为一名杰出的间谍首领和政治家，他深知苏格兰女王玛丽会带来威胁，于是，他密谋策划推翻了玛丽。

王室家族

亨利八世

1491年—1547年

亨利非常想要一个儿子来继承王位，但是王后安妮·博林给他生了女儿伊丽莎白，他很失望。因此，伊丽莎白的大部分童年时光都没有父亲陪伴，但亨利会经常关心她的近况。后来当他见到女儿时，才发现原来女儿如此优秀。因此他决定恢复伊丽莎白和玛丽的继承权。

玛丽·都铎

1516年—1558年

尽管玛丽、伊丽莎白和她们的兄弟爱德华有不同之处，但他们孩提时代的关系还是比较亲密的。后来玛丽当了女王。她非常希望伊丽莎白改信天主教，并且不理解为什么伊丽莎白不改信。她差点要处死伊丽莎白，但还是放弃了，最后，仅要求她改信英格兰天主教。

凯瑟琳·帕尔

1512年—1548年

亨利八世最终娶了凯瑟琳·帕尔为第六任王后。凯瑟琳与伊丽莎白关系很好。亨利去世后，伊丽莎白又与凯瑟琳生活了一段时间。然而，凯瑟琳的丈夫托马斯·西摩对年轻的伊丽莎白比对他的妻子更感兴趣。于是，凯瑟琳帮助丈夫引诱伊丽莎白，但没有成功。不久后凯瑟琳便去世了。

探险家

约翰·霍金斯

1532 年—1595 年

霍金斯曾经得到一枚盾形纹章,但那时他是作为海盗而得到女王青睐的。在伊丽莎白的默许下,他策划并实施了对西印度群岛西班牙港口的一系列大胆袭击。但他在第三次航行后铩羽而归。此后一直在女王身边效力。

弗朗西斯·德雷克

1540 年—1596 年

弗朗西斯·德雷克对西班牙人没有好感,于是加入了堂兄约翰·霍金斯的探险。为了掠夺西班牙人的财富并交给伊丽莎白,他愿意环游世界。伊丽莎白对他的功绩很满意,并继续委任他袭击西班牙的港口。

沃尔特·罗利

1554 年—1618 年

罗利在宫廷里讨得了伊丽莎白的欢心,并很快又把目光投向了扩张帝国的宏图伟业。他决定在北美建立英国的第一个殖民地,并告诉女王,将以她的名字命名:弗吉尼亚。令他大为沮丧的是,罗阿诺克的殖民计划以失败告终。此外,英国人还经常误认为是他把土豆和烟草带到了英国。

敌人

西班牙国王菲利普二世

1527 年—1598 年

伊丽莎白的主要宗教威胁来自这位西班牙国王。教皇本可以下令废黜伊丽莎白,但虔诚的天主教教徒菲利普却动用了军队。在妻子玛丽一世去世后,他向伊丽莎白求婚未果。于是,双方就成了死敌。

约翰·惠特吉夫特

1530 年—1604 年

宗教矛盾越来越难以处理。于是,伊丽莎白精心挑选了她的老牧师——坎特伯雷大主教。他很顽固,这一点从他在玛丽女王统治期间拒绝离开英国就可以看出。和伊丽莎白一样,他墨守成规,对那些公开偏离"正确"道路的人毫不留情地加以惩罚。

教皇庇护五世

1504 年—1572 年

作为罗马天主教的领袖,教皇庇护五世认为:伊丽莎白既是英国女王也是教会领袖,这不仅是对他的宗教的侮辱,更是一种异端行为。他甚至在 1570 年 4 月 27 日发布了教皇诏书,宣布女王的臣民不用再对她效忠。

▲ 1588年8月8日，西班牙无敌舰队被英国火力舰打乱阵型

▲ 伊丽莎白时代船上的炮手。女王资助了许多私掠船

成为强大的国家，贵族们开始以极大的热情资助艺术。

尽管有一些附加条件，但那个时代著名的剧作家得到了赞助。莎士比亚的《理查二世》中，有一个暗示年迈的君主应该退位的场景，被要求删除。"伊丽莎白不喜欢戏剧。"德莱尔证实道，"因为戏剧常常被用来对她进行这样或那样的说教。"

女王的地位原本很稳固，但她遭受了毁灭性的打击，因为她最信任的两名顾问——达德利和沃尔辛厄姆去世了。达德利的继子埃塞克斯伯爵，年轻英俊又善于阿谀奉承，很快取代了其父在宫廷中的位置，成为女王的新宠。

1588年，罗伯特·达德利去世。这标志着旧秩序结束，但伊丽莎白仍然希望能够继续按照她的座右铭"永远不变"来执政。随着时间的流逝，她的亲信们相继去世，但女王始终没有让别人取代他们的位置，或许也是因为没有合适的人选。

这些迹象表明，女王是多么依赖于守旧派。她继续信任威廉·塞西尔，即使他几乎完全失聪，病情越来越严重。直到1598年塞西尔去世，伊丽莎白才同意任命罗伯特·塞西尔接替他父亲。当人们得知西班牙人试图重建无敌舰队时，埃塞克斯在加的斯率领了一支舰队，并在港口大肆屠杀西班牙人。埃塞克斯的成功令其名声大噪，这让伊丽莎白大吃一惊。女王唯恐埃塞克斯功高盖主，于是打压他的气焰。但埃塞克斯置若罔闻，仍然不断扩大自己的影响力。女王对他在宫廷中的蛮横行径也感到越来越失望。甚至他竟然曾一怒之下拔出剑来对准女王，这使女王极为愤怒。

这一时期，艺术和文学也许曾经繁荣，并被认为是英格兰历史上的黄金时代。但各地起义频繁发生，如1598年的爱尔兰起义。而对于英国都铎王朝来说，爱尔兰一直都是个问题。英格兰试图将其价值观强加于别国，并将爱尔兰人视为英国领土上的佃户。由于叛乱是由西班牙支持的，因此，伊丽莎白必须果断采取行动。

1599年年初，女王指派埃塞克斯率领军队出征。埃塞克斯认为再次证明自己的机会到了，但他却给英国带来一场灾难。他没有在战场上与泰隆对抗，而是秘密与其会面，并在没有女王授权的情况下擅自签订条约，而后返回英国。

埃塞克斯认为塞西尔在密谋对付他，于是急于为自己辩护。他以为他仍然是女王的宠臣，趁女王起床时冲进了她的卧室。眼前的女王，没有化妆，没有华丽的服饰，没有女王的威严，俨然是一位老妇人。女王岂能以如此面目示人？女王一气之下解雇了他。后来再次召见他时，又对其问责并撤了他的职。埃塞克斯非但没有接受命运，反而试图造反。他以为伦敦民众会支持他这位广受欢迎的战斗英雄，但伊丽莎白宣布他为叛徒，并派军队镇压。叛乱失败了，埃塞克斯被当作叛徒处决了。

虽然伊丽莎白统治的后期远非黄金时代，但她仍然可以在有需要时召集她的臣民。爱尔兰战争耗资巨大，却遭遇失败，而人口过多和歉收问题又引起了骚乱。女王随意把商品专卖权赏给宠臣的做法导致商品价格被垄断，因而遭到议会的猛烈抨击。女王被迫在1601年向议会许诺停止出售专卖权，并重申了她对大英帝国的热爱。她赢得了议会的支持，也迎来了农业大丰收，爱尔兰和西班牙也达成了停火协议。"伊丽莎白此时已年迈多病，的确不如年轻时那样威风八面，但还是很有威严。"德莱尔说，"她从登基时就以玛丽一世为榜样，注重迎合民众，因此很得民心。"

又一次平息叛乱后，这位50岁君主的健康状况每况愈下。虽然有过短暂的恢复，但之后便

无敌舰队为什么失败?

菲利普国王集结了无敌舰队,到荷兰与帕尔马公爵率领的地面部队会合。英国的前哨看到船来了,就通知了海军。天气对西班牙人不利,他们被吹离了航线。虽然西班牙船只的数量是英国舰队的两倍,但他们为了能够装载登上敌人船只的士兵,导致船只形体过于庞大。他们的新月队形很有名,但对较小的英国船只却没什么作用。英军向西班牙舰队派遣火力舰,西班牙人惊慌失措,四散奔逃。虽然他们重新组织了一次反击,但最终还是失败了。许多西班牙船只撞在了英格兰和爱尔兰海岸线的岩石上,被迫撤退。

6.恶劣的天气
恶劣的天气使西班牙舰队无法组织起来,而英军则在追击他们。英军的舰队速度更快,效率更高。

7.船只失事
天气条件使西班牙舰队驶入北海。他们被迫沿英格兰东海岸撤退,越过苏格兰,南下越过爱尔兰。许多船只失事了。

3.早期预警
无敌舰队出现在英吉利海峡以西。南海岸的警示灯点亮了,英国舰队驶入大海。据说,弗朗西斯·德雷克爵士第一个完成了他的"滚木球游戏"。

2.延误
恶劣的天气迫使菲利普停靠在科鲁纳港修理他的舰队。他被耽搁了一个多月。

4.会合
无敌舰队驶往加来,与菲利普最尊敬的将军帕尔马公爵会合。然而,公爵没有按时到达。无敌舰队被迫等待。

1.无敌舰队扬帆远征
1588年5月28日,菲利普二世准备进攻英格兰。他集结了舰队,从里斯本出发。

5.火力舰
英国海军向西班牙军舰派遣了火力舰。西班牙指挥官感到恐慌。他们分散在英军的火力线上,但损失并不大。

> 女王的笑容是那样温暖，话语是那样充满爱。她也很善于将这一切传递给人民，从而赢得了民心。

一病不起。

塞西尔的影响力越来越大，甚至超过了女王，这让女王心情沮丧。她意识到自己时日不多，拒绝睡觉。最终，伊丽莎白于1603年3月23日去世。面对年轻有抱负的大臣，她也曾努力与时俱进。她始终是一位令人敬畏的政治家。她足智多谋，能够准确把握国内外现状，而且从未失去民心。

"那个形象不是为她而创造的。"德莱尔解释，"伊丽莎白从未忘记1553年的事件。当时普通民众支持都铎姐妹，而政治精英支持简·格雷。她也没有忘记1554年。玛丽在伦敦市政厅发表了一篇演讲，对抗怀亚特叛乱，鼓舞伦敦市民。玛丽谈到她嫁给大英帝国，并把她的加冕戒指描述成结婚戒指，把她对臣民的爱描述成对孩子的母爱。这些也是伊丽莎白对人民反复说的话，是伊丽莎白统治的核心思想。"

"此外，伊丽莎白极其敏感，能够想民众之所想。甚至她的敌人也承认她有'魔法的力量'。女王的笑容是那样温暖，话语是那样充满爱。她也很善于将这一切传递给人民，从而赢得了民心。伊丽莎白的人民永远不会忘记她。在她去世后，詹姆斯一世继位。但人们依然非常怀念都铎王朝，怀念都铎王朝最后一位君主，也是最耀眼的明星，伊丽莎白女王。"

伊丽莎白的统治并非传言中经常描述的黄金时代。在她统治时期，英国面临着严重的内忧外患。她时而冷酷无情，时而优柔寡断，时而又冒进冲动。在她统治期间，英国经历了饥荒、叛乱和战争。然而，她对国家鞠躬尽瘁，倾听民声，并尽力满足人民的愿望，这些都是毋庸置疑的。她一生都在走钢丝，最后能安详地寿终正寝，作为一位女王，这本身已经很了不起了。英国民众爱她，她也爱民众。在人们心目中，她曾经是，也将永远是英国的黄金女王。

1729—1796

叶卡捷琳娜二世

这位势不可挡的俄罗斯帝国统治者是如何利用女性魅力、弥天谎言和军事力量征服一个帝国的?

她以"叶卡捷琳娜二世"的名字被载入史册,这要归功于她对俄国的贡献和奉献。作为俄罗斯帝国最伟大的领袖之一,叶卡捷琳娜见证了俄国版图空前的扩张、一系列军事上的成功及俄国启蒙运动的到来。她的统治期被认为是俄罗斯帝国的黄金时代,但却充斥着丑闻、阴谋和许多不为人知的真相。

她出生于1729年,是安哈尔特-采尔勃斯特公国的公主。虽是德国王室成员,但家境贫寒。俄国女皇伊丽莎白写信给索菲娅的母亲,替她的侄子及继承人荷尔施泰因公爵彼得求婚。索菲娅决心掌握自己的命运,于是她学会了一口流利的俄语,这给伊丽莎白留下了深刻的印象。她认为索菲娅是俄国皇室的完美人选。

相比之下,她的未婚夫与皇帝的标准相去甚远。彼得在德国出生长大,14岁时被带到俄国。他讨厌这个国家。

与索菲娅不同,他甚至拒绝皈依俄东正教。而索菲娅在1744年就皈依,并接受了新名字"叶卡捷琳娜"。一年后,这对夫妇在圣彼得堡成婚。叶卡捷琳娜在回忆录中回忆起这场婚礼时说:"我的内心几乎没有幸福,只有雄心壮志。"

叶卡捷琳娜认为伟大的使命在等待着她。相反,她的丈夫变成了一个终日与酒为伴的醉汉,兴趣是和孩子一样玩玩具士兵。他们互相轻视,几年的婚姻生活都不美满。叶卡捷琳娜不想浪费生命,她告诉自己,她要成为"俄国的主权女皇"。

叶卡捷琳娜感到非常孤独,没有人爱,因此变得绝望。结婚多年,她没有子嗣。伊丽莎白一

她的统治期被认为是俄国的黄金时代，但却充斥着丑闻、阴谋和许多不为人知的真相。

直紧盯着她，派人监视着她的一举一动。她开始了一系列的风流韵事，首先是与谢尔盖·萨尔蒂科夫，一个英俊的浪子和法院成员。对此，伊丽莎白实际上是鼓励了他们俩，希望她能怀孕。

叶卡捷琳娜终于在1754年生下了期待已久的继承人保罗。时至今日，关于谁是孩子父亲的问题仍然存在争议，但叶卡捷琳娜在她的回忆录中暗示是萨尔蒂科夫，尽管这可能只是出于对彼得的怨恨。无论如何，她实现了自己的目标，巩固了自己作为未来皇帝母亲的地位。

然而，伊丽莎白把她的孩子抱走并亲自抚养，使得叶卡捷琳娜几乎看不到自己的孩子。叶卡捷琳娜悲痛欲绝。她和萨尔蒂科夫的恋情也随着后者被驱逐而结束。与此同时，彼得的行为变得越发愚蠢，也令周围的人感到担忧。这时他的妻子决定履行自己的职责，她不能容忍俄国在自己丈夫手中瓦解。她开始策划让丈夫下台。

伊丽莎白于1761年去世，彼得成了彼得三世，叶卡捷琳娜成了皇后。但这还不够，她想要独揽大权。在伊丽莎白的葬礼上，彼得做出了孩子气的举动，他竟然创造了一个游戏来缓解自己的无聊，这使得人们对叶卡捷琳娜的支持与日俱增。叶卡捷琳娜利用了这一点，隆重哀悼已故的皇后，这为她赢得了许多崇拜者的支持。

彼得的行为不可原谅。他错过了自己的加冕礼，退出了俄国当时正占上风的七年战争，归还了从普鲁士夺取的所有土地。他的这些行为被认为是对那些在战争中牺牲或受伤的俄国士兵的不尊重，使得他和军队变得疏远。彼得蔑视教会，渴望对俄国传统盟友丹麦发动战争。这两点加深了人们对他的不满。他夸耀情妇伊丽莎白·沃伦佐娃，声称他的愿望是和叶卡捷琳娜离婚，并剥夺他们儿子的王位继承权。

1762年4月，叶卡捷琳娜的处境更加艰难。彼得在国宴上当众羞辱叶卡捷琳娜，说她是个傻瓜，这让她忍不住哭了起来。那天晚上流传着这样的传言：皇帝被激怒了，喝得酩酊大醉，下令逮捕他的妻子。幸运的是，叶卡捷琳娜的叔叔、荷尔斯泰因的格奥尔格·路德维希王子设法劝阻了他，使他没有做出冲动的行为。但这成了压倒骆驼的最后一根稻草，叶卡捷琳娜知道她和她的儿子极度危险。

她知道发动政变需要一个有权势的人支持。

▲《圣谕》，也被称为《伟大的指导》，概述了叶卡捷琳娜对俄国未来的看法

叶卡捷琳娜在废黜彼得三世时穿着军服

▲ 彼得和叶卡捷琳娜是荷斯坦公爵和公爵夫人

她开始与格里高利·奥尔洛夫交往。他是伊兹梅洛夫斯基卫队的一名中尉。早在一年前她就注意到了这名军官。叶卡捷琳娜非常明智，选择了奥尔洛夫做她的新情人。

奥尔洛夫和他的兄弟阿列克谢一样，在帝国卫队中拥有很强的政治影响力，可以号召士兵转向自己的阵营。

奥尔洛夫也不仅是为谋求政治地位才与皇后交往，他们深深地爱上了对方。因此他决心要看着他的爱人登上俄罗斯帝国的王位。

然而，叶卡捷琳娜夺权之路上出现了一个障碍，她怀了奥尔洛夫的孩子。在此之前，虽然叶卡捷琳娜和彼得很少在一起，但她还可以勉强声称他是孩子的父亲。但现在，他俩之间实际上已经断绝关系，尽管没有人可以完全肯定他们之间是否还存在秘密的联系。叶卡捷琳娜不能允许任何人走漏消息，否则她就会失去那些宝贵的支持者。她把怀孕的秘密藏在宽松的裙子下，瞒过了身边的每个人。1762年4月，她秘密产下一名男婴，并在远离宫廷的地方把他抚养长大。

很快，彼得去了奥拉宁鲍姆。他要为与丹麦的战争做准备，而叶卡捷琳娜则住在附近的蒙帕尼西尔宫。她的支持者们做好了准备，其中包括奥尔洛夫兄弟、一些卫兵和伊丽莎白的妹妹达什科娃公主。

甚至是尼基塔·帕宁，由伊丽莎白委任的皇子保罗的老师也支持叶卡捷琳娜。帕宁控制着皇子，如果皇后想要合法接管政权，他的支持对皇后来说至关重要。

彼得没有理会即将发生政变的谣言，但在6月27日，一名密谋者被捕。由于担心政变暴露，6月28日凌晨，叶卡捷琳娜几乎来不及穿衣服，就爬上一辆早已等候在那里的马车，直奔圣彼得堡。她先去拜访了伊兹梅洛夫斯基团，这个军营里都是她的忠诚卫士。团长拉祖莫夫斯基多年来一直深爱着叶卡捷琳娜。他们宣誓效忠于她，而那些反抗的人则被逮捕。叶卡捷琳娜前往冬宫，宣誓成为俄国的新统治者，人们为之震惊。

至于彼得，当他到达蒙帕尼西尔时才意识到情况严重，但那里空空荡荡，叶卡捷琳娜早就走了。绝望中，他向分居的妻子恳求，希望能和情妇沃伦佐娃回到他的家乡荷尔斯泰因公国。答案是否定的。彼得醉得不省人事，而叶卡捷琳娜在冬宫外做好了准备，身穿男式制服，骑上马，逮捕了她的丈夫。

彼得被捕。叶卡捷琳娜给了他一份退位的文件，他被迫签了字。彼得被关押在罗普沙，由阿列克谢·奥尔洛夫负责看守。一个多星期后，在押的彼得被杀。一天后，叶卡捷琳娜才发表声明，称彼得死于"痔疮绞痛"。

彼得的尸体血迹斑斑，伤痕累累，很可能是被阿列克谢亲手勒死的。阿列克谢写信告诉叶卡捷琳娜彼得的病情。他说："我担心他今晚会死，但我更担心他会活过来。"

人们怀疑叶卡捷琳娜弑君，她也担心这会成为她执政的污点。她和彼得的死有关吗？这无法证明。但是显然她那时的地位并不稳固。叶卡捷琳娜想要独揽大权，但她的一些同谋者，如帕宁和达什科娃，希望她代表年幼的儿子摄政。但叶卡捷琳娜不愿让步，坚持在1762年9月举行

> 他到达蒙帕尼西尔时，发现那里空空荡荡，叶卡捷琳娜早已离开。他这才意识到情况的严重性。

女皇的约会

谁是女皇的完美情人?

彼得三世

叶卡捷琳娜冷酷幼稚的丈夫憎恨他的第二祖国俄国。在他统治的短短几个月里,就设法颠覆了军队、教会和贵族。叶卡捷琳娜和彼得互相鄙视,他甚至要和他的妻子离婚,让情妇取代她。叶卡捷琳娜在1762年废黜了她的丈夫。很快,他便离奇去世。

斯坦尼斯瓦夫·波尼亚托夫斯基

叶卡捷琳娜爱上波尼亚托夫斯基时,她还是公爵夫人,他们有一个私生女安娜。波尼亚托夫斯基在七年战争期间被迫离开俄国宫廷后,与叶卡捷琳娜的恋情被迫结束了,但他们还保持联系。在叶卡捷琳娜的支持下,波尼亚托夫斯基被选为波兰的国王,但叶卡捷琳娜只把他当作傀儡。

格里高利·奥尔洛夫

奥尔洛夫是叶卡捷琳娜推翻丈夫的首要支持者,并在1762年的政变中发挥了重要作用。10多年来,他一直是叶卡捷琳娜的宠臣。他们还生了一个私生子——阿列克谢。后来叶卡捷琳娜发现奥尔洛夫与其他女人有染,一怒之下,将其逐出宫廷。

格里高利·波将金

叶卡捷琳娜和波将金曾经有过一段短暂但非常炽热的恋情。与奥尔洛夫一样,波将金在政变中支持叶卡捷琳娜,并最终取代奥尔洛夫成为叶卡捷琳娜的最爱。在他们的关系结束后,波将金仍一直陪伴在叶卡捷琳娜身边。此后的20年中,他都是宫廷里最有权势的人,直到他52岁去世。

了盛大的加冕典礼，对外宣告她完全掌控了国家大权。

叶卡捷琳娜年轻时接触了启蒙运动，并梦想实现俄国的现代化。她与当时一些最著名的法国哲学家，如伏尔泰和狄德罗有过交流。她本来有机会成为开明的领袖，然而，此时俄国一片混乱。因为糟糕的行政体制和落后的经济，萎靡不振的俄国只能活在其他强国的阴影下。俄国需要彻底的革新。

叶卡捷琳娜想要引进更好的教育系统，建设新的城市，发展俄罗斯文化，甚至废除农奴制。她写了《圣谕》，也被称为《伟大的指导》。这是一篇重要的作品，她花了两年才完成。灵感来自西方哲学家的原则，并形成了叶卡捷琳娜关于完美政府的想法。1767年，不同社会阶层的500余人组成了立法委员会，叶卡捷琳娜把《圣谕》提交给了立法委员会。

表面上，叶卡捷琳娜宣扬启蒙思想是复兴俄国的一种方式，实际上，她强化了俄国的专制君主制。

立法委员会没有取得任何成就，在1768年宣布解散。立法委员会是叶卡捷琳娜一直用来招摇撞骗的虚伪面具，她想让全世界都认为她是一位开明的领袖，但事实正相反。最明显的例子就是农奴制。有一段时间，叶卡捷琳娜可能考虑过彻底改革或废除俄国农奴制。但国家经济过于依赖贵族们手中的农奴，叶卡捷琳娜最终选择了贵族的支持。除了略微改善农奴的待遇之外，叶卡捷琳娜在统治期间并没有做任何事情来改善农奴的处境。

尽管如此，她还是实现了自己的目标。她致力改善俄国的教育，使之与西方接轨。她在全俄建立了学院、图书馆和学校。除了农奴外，所有的孩子都可以免费上学，课程也被标准化。此外，叶卡捷琳娜还倡导妇女教育，甚至于1764年在圣彼得堡建立了斯摩尼年轻贵族女子学院。

作为一个狂热的艺术赞助人，她个人收藏的艺术品规模是当时欧洲最大的。她积累了数千件杰作，于1764年在圣彼得堡建立了艾尔米塔什博物馆。它于1852年开始对公众开放，至今仍是一座艺术和文化博物馆。她还引进西方文学，鼓励外国艺术家和建筑师来促进俄罗斯文化的发展。作为一名肩负使命的女性，女皇甚至派遣俄国学者到国外学习西方文化和各种社会生活方式，他们在回国后大力传播。

在外交事务上，与前任相比，叶卡捷琳娜取得了巨大的进步。在其统治期间，她用头衔、金钱和权力厚待她的情人们，对斯坦尼斯瓦夫·波尼亚托夫斯基更是如此。他们在1755年有过一段风流韵事。当时这位波兰人是英国驻俄使节的秘书，但在七年战争期间波尼亚托夫斯基被迫离开后，这段风流韵事便结束了。他曾希望重新点燃他们的爱情之火，但叶卡捷琳娜觉得这太危险，并告诉他，"你可能会让我们都丧命"。

但是，当波兰的王位在1763年空出时，叶卡捷琳娜向波尼亚托斯基许诺会将王位给他。这是扩张俄罗斯帝国的绝佳机会。1764年，在俄军的威慑下波尼亚托斯基成为了波兰国王。很快，波尼亚托夫斯基就试图在波兰推行一系列改革，但这些改革并不在叶卡捷琳娜的计划中。

她需要波兰处于弱势地位，她的前情人应该是她的傀儡，而不是独狼。1768年，波兰爆发叛乱，部分原因是受俄国影响。叶卡捷琳娜以恢复控制为借口入侵了波兰。

她对波兰的统治关系到普鲁士、奥地利和奥斯曼帝国，后者在1768年爆发的俄土战争中遭受了一系列的失败。这些损失使欧洲向有利于俄国的方向转变，这无疑使叶卡捷琳娜很高兴。然而，1770年至1772年，莫斯科暴发了淋巴腺鼠疫，并由此引发了骚乱，这促使叶卡捷琳娜寻求休战，以获得喘息。

为了重新平衡欧洲的势力，俄国、奥地利和普鲁士都同意作为波兰的邻国瓜分波兰，而没有与波兰国王讨论。结果，叶卡捷琳娜为她的帝国获得了大约9.2万平方千米的领土，几乎相当于整个今葡萄牙的面积。它是波兰3个分区中最大的一个，这导致波尼亚托夫斯基在1795年下台。一年后，叶卡捷琳娜去世。波尼亚托夫斯基在俄国度过了生命中的最后几年，靠女皇提供的养老金生活。

叶卡捷琳娜在1774年俄土战争中战胜了土耳其人，这使得她与奥斯曼帝国的关系高度紧张。随着领土扩大，为便于管理，她在俄国南部建立了一个省，被称为新俄罗斯，今乌克兰的一部分。她在1783年吞并了前土耳其领土克里米亚。这时，第二次冲突爆发了。在1787年到1792年的冲突中，土耳其人再次惨败，叶卡捷琳娜对克里米亚的统治得到了巩固。这是她统治时期最大的军事成就之一。

在波兰和第一次土耳其战争期间，奥尔洛夫作为叶卡捷琳娜的情人继续统治着宫廷。政变后的10年间，奥尔洛夫获得了土地和贵族头衔，并因处理莫斯科鼠疫骚乱而获得赞誉。叶卡捷琳娜曾考虑嫁给他，后来她意识到这样的举动会引发很大的争议。叶卡捷琳娜也担心奥尔洛夫的权力过大，但实际上，他对叶卡捷琳娜的统治毫无影响。她知道他在政治上太无能，无法处理这些事情，于是选择咨询帕宁。

奥尔洛夫与叶卡捷琳娜的关系引发了阴谋和嫉妒，尤其是帕宁。1771年，帕宁策划了一场阴谋，使叶卡捷琳娜发现了奥尔洛夫的种种不忠行为。叶卡捷琳娜感到又愤怒又伤心，于是将奥尔洛夫赶出了宫廷，从此再也没有眷顾他。

在与奥尔洛夫保持关系的同时，叶卡捷琳娜与格里高利·波将金的关系变得亲密起来。他们在政变的晚上相遇。叶卡捷琳娜为了报答他的忠诚，把他提升为自己卧房的主人，这样他们就可以经常见面了。从那以后，波将金就爱上了叶卡

▲ 1772年，描绘叶卡捷琳娜战胜土耳其人的寓言画

启蒙运动的笔友

叶卡捷琳娜与那个时代的许多著名人物通信

伏尔泰

叶卡捷琳娜和法国哲学家伏尔泰从未谋面，但他们互相通信很多年。虽然伏尔泰以抨击法国君主的奢侈而闻名，但他赞赏叶卡捷琳娜的"开明的暴君"的角色定位，称她为"北方之星"。一些人认为叶卡捷琳娜的这些信件不过是公共形象的宣传，目的是帮助她在欧洲塑造积极的姿态。但早在叶卡捷琳娜还是一位公主时，她就是伏尔泰的忠实读者。所以她在和自己青少年时期的偶像聊天时感到受宠若惊也是合乎情理的。

丹尼斯·狄德罗

另一位法国思想家丹尼斯·狄德罗最为世人所熟知的是与他人共同编纂了《百科全书》（启蒙思想的代表作），并在其中做出了重大贡献。女皇听说他需要资金，就买下他的图书馆。她还任命他为图书馆看守人，直到他去世，并提前支付了他25年的薪水。1773年，狄德罗觉得有必要亲自向叶卡捷琳娜道谢，他想当面告诉女皇应如何更好地治理俄国。但叶卡捷琳娜不想见他，并为此斥责了他。但她仍继续以狄德罗的恩人自居，直到他1784年去世。

冯·格林男爵

冯·格林男爵与弗雷德里希梅尔基奥因与让·雅克·卢梭相识而经常出入巴黎进步文学圈。他为那些热衷于追逐18世纪法国时尚的外国君主和贵族撰写了一份文化通讯。叶卡捷琳娜和格林也的确保持了26年的私人通信。她赞助了一些格林偏爱的建筑师，格林则给她提供一些欧洲宫廷秘闻的花絮。尽管两人都是德国血统，但他们总是用法语通信。

捷琳娜。与宫廷里的其他男人不同的是，他不怕奥尔洛夫。

波将金太大胆了，一有机会就公开宣布他对叶卡捷琳娜的爱，而她也乐在其中。也许是因为奥尔洛夫的背叛让她心怀恐惧，她变得犹豫不决，不敢去追求幸福，但她并没有阻止波将金。叶卡捷琳娜看到波将金从政的才华，开始为他设计辉煌的政治道路。

在眼睛严重受伤后，波将金突然离开了宫廷。叶卡捷琳娜非常想念他。一年半后，即1767年，她要求他回到自己身边。她先是任命他为军需官，然后提拔他在立法委员会中管理其他民族事务，这是很重要的职务。第一次俄土战争爆发后，波将金不顾一切地想去前线。叶卡捷琳娜虽然舍不得他离开，但还是允许了。奥尔洛夫被逐出皇宫后，叶卡捷琳娜找了一个年轻的新情人亚历山大·瓦西奇科夫来分散自己的注意力。但是叶卡捷琳娜对他的兴趣很快就消退了，赏赐给他一笔可观的养老金和一些土地就把他打发了。随后，她的心思又回到了波将金身上。由于他战功卓著，他成了一位战斗英雄。

1774年年初，波将金再次从宫廷中离开，叶卡捷琳娜终于接受了他的爱情。波将金回到她的身边，他们的恋情开始了。此时的叶卡捷琳娜

▲ 叶卡捷琳娜为权力而战，不肯放手

已40多岁，波将金比她小10岁。波将金军事经验丰富，成了一位顾问，也是第一个分享叶卡捷琳娜琳权力的情人。她不断提拔波将金，让他担任新俄罗斯总督，授予他在该地区绝对的权力。

这对情人在写给彼此的无数情书中已表明他们秘密结婚了。在给波将金的一封信中，叶卡捷琳娜称他为"我亲爱的、可爱的天使、我的挚友、我的丈夫"；而在另一封信中，她告诉他，她将"永远做他真正的妻子"。他们是否真的结婚还不确定，但考虑到信件的性质和波将金在宫廷中的影响力，这是有可能的。

不幸的是，他们的爱情并没有持续多久。叶卡捷琳娜和波将金都充满激情，但由于妒忌和不安全感，他们的关系变得冷淡。1775年，叶卡捷琳娜又有了新欢。与之前的情人不同的是，波将金没有从她的生活中消失。他在余生里仍在叶卡捷琳娜的生活和政治上保持着影响力。事实上，因为他对叶卡捷琳娜控制力太强，外面谣言四起，说是他给叶卡捷琳娜安排了新情人。

叶卡捷琳娜的丑闻暴露在公众面前，但她的

力量并没有因此而减弱，她也不为此而感到羞耻。

第二次俄土战争期间，波将金到国外担任指挥官。这时，叶卡捷琳娜发现了一位虚荣的年轻军官柏拉图·祖波夫。他22岁，比当时已60岁的女皇小近40岁。他们的恋情始于1789年，叶卡捷琳娜深爱着他。女皇依赖她的小情人，也许是因为她年事已高，祖波夫的升迁速度远远快于她以前的任何一个情人。当然，与年轻男孩的这段感情再次让年迈的女皇遭到嘲笑。

1791年10月，噩耗打破了叶卡捷琳娜的幸福生活——波将金在与土耳其人谈判和平条约时死在了国外，这使叶卡捷琳娜悲痛欲绝。在前几年里，他一直是她的支柱，而现在她不得不独自生活。

在她生命的最后5年里，女皇把全部精力都放在了祖波夫身上。他在叶卡捷琳娜的决策中扮演了关键的角色。这让贵族们嫉妒他，鄙视他。宫廷上下无法理解叶卡捷琳娜对他的迷恋。在1796年4月的俄波冲突中，祖波夫甚至说服女皇弃用经验丰富的将军，任命他的兄弟指挥军队。虽然这是一个明智的决定，年轻的祖波夫带着胜利的荣耀凯旋；但不可否认的是，叶卡捷琳娜不再是30年前篡夺王位时的她了。

叶卡捷琳娜于1796年11月去世。她死后，出现了各种关于她肆无忌惮的荒谬故事，旨在诋毁她的功绩和名誉。

> 奥尔洛夫和叶卡捷琳娜的关系激起了其他人的嫉妒，尤其是帕宁。

▲ 围攻奥恰科夫是波将金指挥的第二次俄土战争中的一场关键战役

1926—2022

伊丽莎白二世

从幸福与辉煌到糟糕甚至可怕，90多岁高龄的女王伊丽莎白二世，经历了太多太多，君主制、国家和世界都发生了翻天覆地的变化，而这些变化在从前似乎都是无法想象的

伊丽莎白女王也许是世界上最知名的面孔。她在位的70年间，在英国一直广受欢迎。爱德华八世退位后，年轻的伊丽莎白被出人意料地推上了王位继承人的宝座，从那一刻起，她的一生注定不平凡，有喜有悲，有得有失，目睹了惨烈的战争，享受了幸福的婚姻，赢得了英国最受欢迎的君主的美誉。

在接下来的故事里，我们将了解女王伊丽莎白二世一生中的重要时刻，从20世纪30年代无忧无虑的青年时代，到20世纪50年代的王室加冕典礼，以及她为曾孙庆生等。2015年，伊丽莎白二世成为英国在位时间最长的君主，超过了在位63年7个月2天的维多利亚女王。

2017年，伊丽莎白二世成为首位庆祝蓝宝石禧年（在位65周年）的英国君主。

20世纪30年代

十年换了三任国王

伊丽莎白·亚历山德拉·玛丽·温莎并非生而为王。作为王位第二顺位继承人的女儿,她的童年生活自由自在,不像其他王储那样必须住在宫殿里,而是住在皮卡迪利大街145号,整日与父亲的科尔吉斯犬玩耍,唱歌,跳舞,还参加哑剧表演。

伊丽莎白10岁时,生活突然发生了翻天覆地的变化,命运从此改变。她的叔叔爱德华是王位的第一顺位继承人,一直是繁忙而又富有魅力的王室成员,也是20世纪20年代的关键人物。1934年,爱德华与离婚两次的美国社交名媛沃利斯·辛普森确立关系。爱德华的父母乔治五世和玛丽王后得知后感到愤怒和沮丧,而保守党政府则感到震惊。当时,英国国教不允许与离婚者结婚,而爱德华作为未来的国王,有朝一日将担任英国国教的最高总督,因此,他不能和沃利斯结婚。

乔治五世于1936年1月20日去世,爱德华即位。10月,沃利斯·辛普森离婚。整个11月,爱德华都在苦苦寻找一种方式,使自己能在沃利斯的陪伴下继承王位。他会见了首相斯坦利·鲍德温,提出摩根纳式婚姻,即君主的配偶没有王室头衔,但被首相驳回。由于舍不得沃利斯,他于1936年12月10日签署了退位书,结束了他仅仅10个月的统治。第二天,他在一次电台广播中表示:"没有我所爱的女人的帮助和支持,我不可能肩负起沉重的责任,履行我作为国王的职责。"这一年,伊丽莎白公主10岁。

▲ 照片拍摄于20世纪30年代,年轻的伊丽莎白公主身着褶边连衣裙

爱德华的弟弟立即继承王位,成为乔治六世国王。然而,在经历了100多年稳定的君主制之后,王室的动荡时期到来了,这为伊丽莎白继承王位铺平了道路。

20 世纪 40 年代

日不落帝国神话破灭

▲ 伊丽莎白身着辅助本土服务部队制服在警队救护车前拍照

▲ 伊丽莎白与刚出生的查尔斯王子的官方照片,由著名摄影师塞西尔·比顿拍摄

10 年间,伊丽莎白公主经历了许多幸福时刻,如坠入爱河,结婚生子。1945 年,第二次世界大战结束,但它带来的变革浪潮却持续了几十年。其中最重要的事件就是大英帝国的衰落,以及随后英联邦的巩固。为此,伊丽莎白年轻时倾注了很多精力。第二次世界大战耗尽了英国的权威和财富,给英国造成了毁灭性的打击。英国在印度的统治一直遭到抵抗,但都被平息了。后来,起义频繁爆发,英国被迫放弃了印度。1947 年 8 月 15 日,印度与巴基斯坦一起实现了独立,随后是缅甸和锡兰。1963 年,肯尼亚实现独立;1980 年,罗得西亚实现独立;1997 年,中国香港回归,标志着大英帝国的殖民统治彻底终结。

与此同时,英联邦不断壮大。该组织最早成立于 1931 年,旨在倡导民主、人权、种族平等和法治,而获得英联邦成员资格也会带来经济利益,包括更低的贸易成本。1949 年,《伦敦宣言》标志着英联邦正式成立。它现在有 56 个成员国,几乎所有成员国以前都由英国统治。

20 世纪 50 年代

勇敢面对丘吉尔

1952年2月5日晚上,一位年轻女子爬上了一棵树,此时她还是公主。第二天早上,她从树上下来,此时她成了女王。伊丽莎白公主和丈夫菲利普亲王访问肯尼亚、新西兰和澳大利亚,历时6天。在内罗毕忙碌了几天后,他们在肯尼亚尼埃里附近的树梢酒店独处了一晚。在爬上一个摇摇晃晃的梯子到树屋后,公主在黄昏时花了几个小时拍摄大象。第二天黎明前,她又起来继续观察野生动物。4000多英里外,她的父亲去世了,她对此一无所知。上午10点下山,再次上路之前,她在一个水坑里拍摄犀牛,度过了最后几个小时的幸福时光。直到当天下午,伊丽莎白的私人秘书马丁·查特里斯最终证实了乔治六世去世这一消息,并通知了菲利普亲王,最后由菲利普亲王把这个消息告诉了女王。

乔治六世国王是个老烟民,一年前被诊断出患有肺癌,切除了肺部,不适合参加皇家巡行了。他的女儿伊丽莎白在丈夫的陪伴下接替了他的位置。伊丽莎白在伦敦机场向父亲挥手告别时,他似乎精神很好。然而,他的健康状况迅速恶化,于1952年2月6日凌晨在桑德灵厄姆豪斯于睡梦中去世。菲利普亲王在肯尼亚山麓散步时向妻子透露了这一消息。在回家的飞机上,她收到了母亲的电报,上面写着:"致:女王陛下。我所有的思念和祈祷都与你同在。妈妈,白金汉宫。"女王伊丽莎白二世在伦敦与首相温斯顿·丘吉尔以及其他国家官员直接下机会面。伊丽莎白才25岁,还有两个年幼的孩子。面对亲爱的父亲去世,她必须忍住悲伤。如今,她的生活从此永远改变了:她是年轻的军人妻子、全职母亲和正在接受培训的君主,从前自由自在的生活一去不复返了。

婚后的几年里,伊丽莎白住在马耳他,因为菲利普亲王作为皇家海军军官驻扎在那里。她经常开车四处转悠,去看电影,参加舞会。现在,菲利普亲王的海军生涯即将结束,伊丽莎白是大不列颠及北爱尔兰联合王国女王、英联邦首脑、信仰捍卫者和英国国教最高总督,也是武装部队的负责人。她彻底卷入了男人的世界。

军队和教会的首脑、政治家和国家元首都是男性,但此时的伊丽莎白已经是一位令人敬畏的年轻女性。她的加冕礼计划在次年举行,但首相温斯顿·丘吉尔不希望这一活动在电视上播出。而这位羽翼未丰的女王坚持通过电视播出,因为她明白,这样可以在最大程度上亲近国民,跟上时代的潮流,非常必要。女王伊丽莎白二世的加冕典礼于1953年6月2日在威斯敏斯特教堂举行。她将统治一个坚定的保皇党国家,而这个国家也将伴随她一生。

▼ 伊丽莎白二世走到加冕典礼的椅子前,这把椅子曾用于1761年乔治三世国王和夏洛特女王的加冕典礼

▼ 1957年10月,女王及其丈夫与他们的孩子查尔斯王子和安妮公主合影

20世纪60年代

跟上温莎队

20世纪60年代,世界宽松的文化气氛在某种程度上也给王室带来了些许变化。以往,王室一直保持着自我封闭状态。例如,王室婴儿出生在宫殿而不是医院,孩子们配有家庭女教师,在家里接受教育,而不是在公立学校。

查尔斯王子是第一个走出宫殿上学的王位继承人。不仅王室家人外出与公众交往,而且公众也首次被邀请进入宫殿。1962年,菲利普亲王建议,白金汉宫向公众开放,并成立了女王美术馆。该美术馆展出了皇家收藏中的物品,这些物品是为国家托管的,而不是女王陛下的私人收藏。在那之前,公众只能透过宫殿前面的栏杆看到这些收藏,只有极少数人会被邀请参加一年一度的花园聚会。没有邀请,任何人都无法进入宫殿的前院,穿过宫殿的大门。

六年后,桑德林汉姆郊野公园和女王的诺尔福克庄园向公众免费开放。这两处房产的开放打破了王室和公众之间的隔阂,为二者之间的现代关系铺平了道路。为了纪念查尔斯王子成为威尔士亲王,女王同意在1969年拍摄一部名为《王室》的纪录片,拍摄历时一年,堪称王宫内部生活大揭秘。1969年6月21日,英国广播公司播出了该节目,全球有3.5亿人收看。因为王室担心这会让皇家显得太"普通",所以从那以后就再也没有拍摄过类似的纪录片。

▲ 1967年,伊丽莎白女王与母亲合影

20世纪70年代

亲民之举

如果说20世纪60年代王室的进步是为了让公众靠近王室,那么20世纪70年代的举措则是为了让王室靠近公众。首先是戴安娜王妃,后来是剑桥公爵和公爵夫人以及哈里王子,他们打破障碍,建立了一个新的更加"敏感"的君主制。1970年,正是女王迈出了第一步,她在新西兰和澳大利亚访问时推出了"皇家漫步巡行"(the royal walkabout),改变了数百年沿袭下来的皇家礼节。在新西兰惠灵顿,女王遇到了一群孩子,于是,她停下来与之聊天、握手,并收到了花束。虽然这只是一个简单的姿态,但它永远改变了皇家巡行的面貌。在车队穿过拥挤的街道进行巡行之前,王室成员会在远处挥手,当他们离开建筑物时,也会挥手和微笑。皇家行进的队伍近距离经过公众面前,让人们能清楚地看到王室成员但又不能过分接近,这是规则。而那些适合会见君主的人将得到朝臣的批准,正式觐见女王。

20世纪50年代,社会环境更为宽松,人们对君主制的态度也由崇敬逐渐变得更加情感化。在这一演变过程中,"皇家漫步巡行"发挥了重要作用。这是一个开创性的精明之举,因为它意味着王室家族对于普通民众来说不再那么遥不可及。20世纪80年代和90年代,戴安娜王妃是这方面的典范。王妃受欢迎主要是因为她能融入民众,与之面对面交流、握手、打招呼、拥抱、微笑,让民众感受到王室的亲民。如今,威廉王子和凯特王妃,以及其他年轻的王室成员也沿袭

▲ 1977年6月7日,在达勒姆郡西汉姆,民众在街上举行狂欢聚会,庆祝女王登基25周年银禧庆典

▲ 爱德华·希思首相和女王陛下一起陪同时任美国总统理查德·尼克松及其夫人访问英国

了这一做法,适时地向公众透露一些生活细节,比如,坎布里奇爱犬叫什么名字。而菲利普亲王和安妮公主在首次进行"皇家漫步巡行"时都不太顺利。据说菲利普亲王用希腊语说了一句粗鲁的话,而安妮公主因为当时风大,即惊呼道:"这该死的风!"

20 世纪 80 年代

国际关系

▲ 查尔斯王子和未婚妻戴安娜·斯宾塞在1981年"童话"婚礼前夕合影

▲ 1986年7月,女王在斯特灵城堡接见退伍军人,氛围轻松愉快

20世纪80年代,全世界都被戴安娜王妃的穿着打扮所吸引。这正是女王的精明所在,她正在悄悄向世人展示,一个没有任何政治权力的角色是如何为英国外交做出贡献的。很早前,亨利八世与阿拉贡的凯瑟琳闹离婚,以及在1536年改变了英国国教,英国和梵蒂冈之间的关系自此便动荡不安。伊丽莎白一世统治期间,英国法律禁止与教皇国梵蒂冈建立外交关系。1801年,大不列颠及爱尔兰联合王国的成立使矛盾升级。而到1829年,英国消除了与教皇国有关的法律障碍,为国际关系开创了新时代。

1980年,教皇约翰·保罗二世向女王发出贺电,祝贺她在困难时期为支持和平进程所作的努力。1982年,教皇约翰·保罗对英国进行历史性访问,这是450年来教皇首次访问英国。访问期间,教皇在白金汉宫觐见了女王,成为首位访问坎特伯雷大教堂的教皇,并在温布利体育场向八万人举行弥撒。而教皇的访问并不是这十年来英国国际关系中唯一的重大事件。四年后,女王前往中国进行她有史以来最重要的海外访问,成为英国首位对中国进行国事访问的在位君主。为了与中国人民加深感情,女王还参观了新出土的兵马俑。这次访问受到全世界的瞩目,对于英国与其他国家建立和保持牢固的关系至关重要,并将为后世树立一个外交典范。

20世纪90年代

现实点滴

从加冕到20世纪80年代，是民众拥戴王室的黄金时代。后来，三次王室离婚和一些风流韵事，以及那些来自王室内部的尖刻言辞使王室声望每况愈下。有人将王室私人电话录音卖给了报纸，王室丑闻大揭秘的相关书籍也出版了，公众渐渐对王室失去了信心。王室制度也被指责为落伍过时、浪费金钱。20世纪90年代的民意调查显示，民众对王室的支持率下降，许多人认为君主制在100年内肯定会被废除，因为王室已经跟不上国家发展的脚步。

宫墙内外的生活差异一直很明显。王室很少与公众互动，他们的日常生活、关注的事情和兴趣点也与民众截然不同。20世纪，世界都在向现代化发展，王室也采取了一些措施来缩小与国家发展的差距，但这远远不够。王室逐渐失去了权力，但保留了特权，而其中一项特权也因1992年年底的一场大火而削弱。那场大火使温莎城堡造成超过3600万英镑的损失，1992年也成为女王的"恐怖年"。

由于城堡不是私人住宅，而是由国家所有，因此修复本应由纳税人出资，然而，在下议院进行了公开辩论后，这场辩论演变成了关于女王不纳税的大讨论。女王随后自愿开始纳税，1993年2月发布了《皇家税务谅解备忘录》。从1994年4月起，女

▲ 戴安娜王妃的葬礼

▲ 温莎城堡是世界上最大的有人居住的城堡。这场大火持续了12个小时，造成了价值数千万英镑的损失

王开始缴纳所得税和资本利得税。此外，女王决定在夏季不居住的时候向公众开放白金汉宫国务室，这意味着为温莎城堡修复筹集的资金主要来自这些门票收入，而不是由纳税人负担。

21世纪

王室不为人知的秘密

爱德华八世退位遭遇宪法危机，因此，离婚后的查尔斯王子如果想迎娶离婚后的卡米拉·帕克·鲍尔斯，就必须非常谨慎。历史上，英国国教不允许与离婚者结婚。然而，这一规则在2002年发生了变化。当时教会投票决定，离婚者可以再婚。现在，查尔斯有可能与卡米拉结婚，并在最后成为国王。30年前，查尔斯就与卡米拉相爱，但英国不允许二人结婚，后来事态发展越来越糟糕。这对命运多舛的夫妇第一次恋爱是在1971年，当时查尔斯23岁，卡米拉·尚德24岁，但查尔斯觉得自己太年轻了，不适合

结婚。在海军服役期间，卡米拉回到了前男友安德鲁·帕克·鲍尔斯身边，他们结婚了。查尔斯在给教父蒙巴顿勋爵的一封信中悲叹道："我想，空虚感终将过去。"

查尔斯与戴安娜婚姻破裂后，回到了与丈夫分居的卡米拉身边。戴安娜去世后，查尔斯与卡米拉准备公开他们的关系。两年后的1999年，查尔斯和卡米拉首次在丽思酒店卡米拉妹妹的生日聚会上公开露面。但多年来，民众都非常不看好他们，二人的这一举动也使民众对王室的好感度降到了几十年来最低。2005年，在女王的祝福下，二人在温莎市政厅结婚，卡米拉成为了公爵夫人或康沃尔郡公爵夫人。

以女王的宗教立场，女王认为自己不应该参加民事仪式。然而，她确实参加了后来在温莎城堡圣乔治教堂举行的祝福仪式。在20世纪90年代的灾难之后，接下来的十年，王室被家庭重建和内部丑闻所困扰。在女王执政期间，她一直专注于重大问题，例如，让王室更容易为公众所接受，进行开创性的国际访问，以及像民众一样纳税；但现在，她不得不将注意力转向家庭内部。

▲ 女王陛下参观多佛城堡时的照片，由艾伦·沃伦拍摄

2010年以后

王室新生代

威廉王子和凯特·米德尔顿这对情侣登上了世界舞台。2010年11月，二人宣布订婚，但他们吸取了父辈的经验教训。凯特逐渐适应王室生活，并获得了一批顾问的帮助。女王建议威廉，放弃朝臣建议的官方婚礼宾客名单，邀请朋友参加婚礼。凯特的家人也成为第一个在婚礼当天走出教堂时不被"留在门口"的温莎姻亲。

虽然对许多人来说，女王与詹姆斯·邦德一起在2012年伦敦奥运会开幕式上露面，可以说是女王这十年的高光时刻，但她在2011年85岁时的历史性爱尔兰之行或许更为重要。近500年来，英国和爱尔兰之间的关系一直复杂且危险，但在两国关系恢复正常13年后，女王于2011年5月抵达爱尔兰。这是自骚乱以来英国君主首次访问爱尔兰，因此都柏林市中心变成了一个无车区，以防止恐怖主义炸弹袭击。街上有100多名英国武装警察，8000名当地警察和2000名士兵，确保女王安全。另外，女王在都柏林发表了讲话，她说："这次访问让我们想起了我们历史的复杂性、多面性和传统性，但这也提醒我们宽容与和解的重要性。我们应该牢记历史，但不受其约束。"

▲ 威廉王子和凯特·米德尔顿穿过威斯敏斯特大教堂的过道步入王室

凯特·米德尔顿逐渐适应王室生活。

皇室的著名女性

对于这些皇室女性来说，
生活并不仅仅是皇冠上的珠宝和貂皮大衣

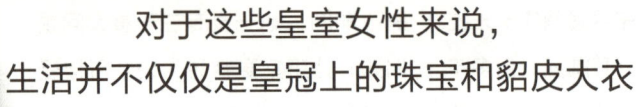

哈特谢普苏特
埃及人，公元前 1507—前 1458

哈特谢普苏特是埃及历史上第二位女性法老，也是在位时间最长的土著法老，她开辟了一条穿越埃及的道路。她建立了一个影响深远的贸易网，为她的王朝带来了财富，她还建造了许多纪念碑。哈特谢普苏特统治期间，国家的工业有了很大发展，建造了大量建筑和雕像，包括至今仍矗立在卡纳克神庙入口处的纪念性方尖碑。经过哈特谢普苏特的长期统治，国家和平，经济繁荣，也留下了许多著名的建筑。

布狄卡
英国凯尔特人，？—61

布狄卡（Boudicca）的丈夫普拉苏塔格斯（Prasutagus）去世后，布狄卡希望能继承他的冰岛王国。然而，土地被罗马吞并，家人遭到虐待。因此，布狄卡集结军队，反抗罗马人的入侵，保卫冰岛。她的军队消灭了7万多名敌军，逼迫罗马的尼禄皇帝一度考虑全部撤军。最终，罗马镇压了布狄卡的反抗和冰岛起义。然而，布狄卡已成为一个传奇，被誉为"勇士女王"。

狄奥多拉
罗马人，500—548

狄奥多拉（Theodora）出身卑微，后来与查士丁尼皇帝结婚，成为东罗马帝国最强大的皇后。作为联合统治者，狄奥多拉在所有政治事务中都拥有与皇帝同等的影响力。尼卡暴乱是她的荣耀时刻，当时皇帝打算逃跑，而狄奥多拉劝他勇敢迎战。最终他们取得了胜利，证实了夫妇联手，不容忽视。当时，他们的帝国是世界上最富有的国家之一。狄奥多拉死后，查士丁尼继承了她的事业。

武则天
中国人，624—705

武则天是唐太宗的才人，唐高宗的皇后，是中国唯一的女皇帝，影响力巨大。唐高宗生病后，她大权独揽。按照传统，女人不能做皇帝，但武则天却是个例外。她冷酷无情，击败了对手，保住了皇位。她在位期间，国力日益强盛。神龙元年（705），武则天病笃，宰相张柬之等发动"神龙革命"，拥立唐中宗复辟，迫使武则天退位。同年，武则天于上阳宫崩逝。

伊莎贝拉一世
西班牙人，1451—1504

伊莎贝拉一世作为卡斯蒂利亚女王统治长达30年，在她的王国和她的丈夫阿拉贡的费迪南德二世的王国留下了不可磨灭的印记。伊莎贝拉继位时，国家犯罪横行，腐败透顶。她着手改革，建立了第一支警察部队，并严格控制财政。1482年，她向格拉纳达王国开战。1492年2月，征服了格拉纳达王国。同年，伊莎贝拉一世同哥伦布签订了《圣大菲条约》，拨出经费，使哥伦布的远航得以成行。伊莎贝拉一世给西班牙奠定了政治统一的基础，并努力在思想上一统西班牙，使西班牙成为世界的中心，西班牙的霸权自此而始。

克里斯蒂娜
瑞典人，1626—1689

父亲去世后，克里斯蒂娜继承了王位，统治国家20多年。克里斯蒂娜热爱宗教和哲学，早年投身于学术和艺术。她喜欢着男装，有悖传统，颇具争议。后来，克里斯蒂娜皈依天主教，放弃了王位。她游历欧洲，最终定居罗马，追求她所热爱的政治、科学和戏剧。

玛丽亚·特里萨
奥地利人，1717—1780

玛丽亚·特里萨是哈布斯堡传奇家族唯一的女性统治者，也是家族的最后一位统治者。她以神圣罗马皇后的身份与弗朗西斯一世结婚，统治着大片欧洲土地。她的父亲查理六世去世后，玛丽亚·特里萨继承了父亲贫瘠的土地。虽然她的丈夫做了皇帝，但是她掌握实权。在她的统治期间，战乱不断。她实施改革，改变了奥地利的行政管理和财政状况，改善了教育、医疗保健和公民权利。

威廉明娜
荷兰人，1880—1962

威廉明娜统治荷兰长达近60年，后宣布退位，是荷兰在位时间最长的君主。德国入侵荷兰时，王室成员被疏散到英国。威廉明娜在英国控制着荷兰流亡政府，但并不顺利。她得知荷兰首相正寻求与德国和谈后，将其罢免，并发表讲话，赢得了臣民的爱戴与尊重。

戴安娜
英国人，1961—1997

1981年，戴安娜·斯宾塞与威尔士亲王结婚后，就成了超级明星。这位腼腆的年轻女性一夜蹿红，成为时尚偶像，广受欢迎。更重要的是，她还是多家慈善机构的赞助人。戴安娜是第一位参与艾滋病慈善事业的王室成员，努力为消灭艾滋病而斗争。她还涉足政坛，提倡废雷，为全球反地雷运动奔走呼吁。她积极投身慈善事业，关心癌症患者和无家可归的人。她于1997年去世，全世界都沉浸在悲痛之中。

政治与变革

172　哈丽特·塔布曼
176　米莉森特·福西特
181　埃米琳·潘克赫斯特
186　埃莉诺·罗斯福
197　罗莎·帕克斯
202　露丝·巴德·金斯伯格
218　政界的著名女性

1822—1913

哈丽特·塔布曼

哈丽特·塔布曼是一名逃跑的奴隶，
她还曾帮助许多黑奴逃跑

哈丽特·塔布曼（Harriet Tubman）生下来就是奴隶，过着残酷的生活，遭受殴打和非人虐待，她唯一的安慰是信仰上帝，她祈祷自由。

哈丽特做了27年奴隶。后来她大胆逃跑，通过"地下铁道"走向自由。"地下铁道"是一个废奴组织，为逃跑的奴隶提供资源和保护。

哈丽特经历了一次紧张且危险的旅行，最终抵达宾夕法尼亚州，在这里，她平生第一次感觉到放松。虽然她现在自由了，但她觉得不能就这样满足于现状，想到那些自己认识的仍在遭受暴行的黑奴，她就心有余悸。她化名"摩西"，加入"地下铁道"组织，帮助更多的人获得自由。

哈丽特开始在危险的道路上充当向导，带着家人逃跑，但她并没有就此止步。她不知疲倦地工作，在近10年的时间里帮助了大约300名奴隶逃跑，一次又一次地冒着生命危险，带领这些"通缉犯"穿越危险地区。她一面在前面带路，一面唱一首灵歌《去吧，摩西》，并有意改变歌曲的节奏，好让同伴知道前方道路是否安全，或者告诉他们要更加小心，以避免被发现。不过，信仰并不是哈丽特唯一的武器,她还有一把枪,既可以防身,也可以防止队伍中有人叛逃,让整个队伍陷入危险境地。

哈丽特成了美国头号通缉犯之一,但她和所有她帮助过的黑奴一样逃过了追捕。她成了废奴运动的领袖,向其支持者发表了慷慨激昂的演讲,但在1860年,哈丽特最终放弃了这项事业。她最后的经历很不愉快,因为尽管她尽了最大的努力,但她还是无法拯救死于奴隶制的妹妹瑞秋,也无法拯救瑞秋的孩子,他们仍然是奴隶。

美国内战爆发后,哈丽特支持联邦事业,参

经营"铁道"

哈丽特·塔布曼是"地下铁道"组织中最成功的"列车长"之一,她把奴隶护送到安全的地方。在她自己逃跑后的10年间,她19次冒险返回南方,带领300多名奴隶获得自由,其中包括她的父母。

哈丽特代号"摩西"。她患有嗜睡症,在病情发作期间,她梦到宗教幻象并受此鼓舞,虽面临危险,仍继续工作。退休后,哈丽特自豪地说,她是最了不起的铁道列车长,因为她的火车从未丢下过一名乘客。

▲ 哈丽特·塔布曼与她拯救的几名奴隶合影

▲ 哈丽特·塔布曼被誉为"人民的摩西",她是一位无所畏惧的"地下铁道"领导人

观营地,会见逃跑的奴隶,并向他们提供帮助。她带头突袭了康巴希河种植园,成为美国内战期间领导武装袭击的第一位女性。由于她的果断行动,700多名奴隶在那次袭击中获释。

可悲的是,哈丽特的勇敢行为从未得到任何官方认可,她仍旧生活在贫困之中。她向国会申请内战抚恤金,但直到1899年才收到一些钱,那时她已经成为女性选举权的坚定支持者。哈丽特由于健康状况不佳,在一家养老院待了两年,最终于1913年去世。在她去世后的100年里,她已经成为废奴运动的象征,成为几代人的指路明灯。

大事年表

1849年
哈丽特生下来就是奴隶,经过几十年的劳动后成功逃脱。她逃离马里兰州前往费城。

1851年
哈丽特回到多切斯特县去救她的丈夫约翰,却发现他已经再婚了。

1858年
哈丽特会见了废奴主义者约翰·布朗,布朗后来因叛国罪被处决。她支持布朗,呼吁采取直接行动,并与他一起发表演说。

1863年
哈丽特为联邦军队做护士和间谍,领导了在康巴希渡口的突袭行动,解放了700多名奴隶。

1896年
哈丽特是美国黑人妇女全国联合会第一次会议的主旨发言人。事实证明,她从政也非常成功。

关于哈丽特的五件事

1 嗜睡症女主角
哈丽特年轻时被一名监工用金属重物击中,从此患上了嗜睡症。在嗜睡症发作期间,她梦到了宗教幻象并受此鼓舞。

2 拒绝麻醉剂
哈丽特的睡眠问题日益严重,必须进行脑部手术。但她拒绝用麻醉剂,而是靠在手术中咀嚼子弹来缓解疼痛。

3 治疗痢疾
哈丽特对马里兰州植物群非常了解,因此她能够治愈患痢疾的联邦士兵。她还可以缓解其他疾病的症状,包括霍乱。

4 通缉犯
哈丽特逃跑时,有人悬赏100美元捉拿她。后来,她的支持者声称为抓捕被称为"摩西"的救世主,有人支付了4万美元。

5 完美无瑕的记录
哈丽特救出的奴隶没有一个被抓回去,她在执行任务时也从未被捕。她的成功率为100%。

1899年
经过多年的努力,哈丽特终于获得了一笔内战养老金,以表彰她的护理工作,她在战争中的功绩得到了认可。

1913年
哈丽特在养老院去世,被安葬在纽约奥本的福特山公墓。

1914年
布克·华盛顿在纽约奥本法院为哈丽特的荣誉牌匾揭幕。

1944年
美国海事委员会宣布"哈丽特·塔布曼"号轮船下水。一些学校和建筑也以哈丽特·塔布曼命名。

2013年
奥巴马总统签署了一项创建马里兰州哈丽特·塔布曼地下铁道国家纪念碑的公告。

1847—1929

米莉森特·福西特

女权主义者和教育家米莉森特·福西特或许是一位温和派人士，但她仍然具有不可忽视的力量

米莉森特·福西特（Millicent Fawcett）出身于一个前卫的家庭。她的姐姐伊丽莎白·加勒特·安德森是英国第一位女医生，米莉森特深受姐姐战斗精神的鼓舞。

米莉森特·福西特在十几岁时就对女性选举权产生了兴趣，她才19岁就已经是伦敦女性选举权协会的秘书。她满腔热情，博学多才，善于演讲，远近闻名。她坚定支持女性拥有选举权，因此受人尊敬。福西特擅长演讲，成为剑桥大学"女士讲座"教育组织的成员。1871年，她成为剑桥纽纳姆学院的联合创始人。纽纳姆学院是第二所允许女性入学的学院。

福西特是一位致力于争取妇女选举权的活动家，并最终被任命为全国妇女选举权协会联盟的领导人，但她只提倡和平抗议和革新。福西特反对妇女社会政治联盟采取直接行动。福西特与那些激进的妇女参政者的奋斗目标是一致的，但她还是尽力与她们保持距离，并公开反对用极端手段来实现目标。

然而,福西特并没有将社会活动局限于英国。1901年,她被任命为一个妇女委员会的负责人,该委员会被派往南非,调查米莉·霍布豪斯关于关押布尔士兵家属的集中营情况的报告。这是第一次有女性被赋予这样的使命,福西特领导那些在集中营中受苦受难的人拿起棍棒,开展斗争,为妇女和儿童改善条件。她还经常代表丈夫、自由党议员亨利·福西特参加竞选活动,并在布莱顿选区的竞选活动中为群众所熟知。在布莱顿选区,这对夫妇都公开表示支持女性拥有选举权。

几十年来,米莉森特·福西特一直致力于她所钟情的公众生活事业。她参观学校,与女孩们谈论选举权,告诉她们要争取机会,并为女性争取在剑桥获得学位的权利进行宣传。尽管她的宣传活动有时并不成功,但她依然成为女性教育的精神领袖。作为全国妇女工作会议的负责人,她在确保英国女性取得选举权方面发挥了关键作用。后来《全民代表法案》赋予了英国女性选举权,福西特就辞去了联盟主席职务,将余生献给写作,撰写选举权运动先驱约瑟芬·巴特勒的传记。

米莉森特·福西特于1929年去世,但福西特协会至今仍以她的名字命名。该协会致力于向年轻人宣传选举权的相关情况,倡导两性平等运动。今天,她的雕像仍矗立在议会广场上,纪念着这位先锋女性。

▲ 米莉森特·福西特毕生致力于争取妇女选举权,并取得了胜利

为选举权奋斗

从19岁起,米莉森特·福西特就开始努力为女性争取选举权,并献出了毕生的精力。她充满热情,倡导以非暴力的形式为妇女的选举权而战。

英国第一次支持妇女选举权的请愿就是福西特组织的,但由于她太年轻,无法亲自签署请愿书。在她领导全国妇女选举权协会联盟期间,该请愿增加到5万名成员。

1918年,英国女性获得了选举权,这在很大程度上应该归功于福西特,因此她被誉为英国政治先驱者。

▲ 福西特欢迎来自世界各地的"妇女选举权论"支持者参加1909年在伦敦举行的普选联盟大会

大事年表

1865年
米莉森特·福西特创立了肯辛顿协会，致力于争取女性选举权。

1866年
福西特年仅19岁，就已是伦敦妇女选举权协会秘书了。

1890年
莉迪亚·贝克尔去世后，福西特成为全国妇女选举权协会联盟的领导人，于1919年卸任。

1901年
福西特前往南非调查艾米莉·霍布豪斯关于集中营情况的报告，在她之前，还没有女性做过这件事。

1918年
《全民代表法案》获得通过，从此，英国840万名30岁以上的女性获得了投票权。

关于福西特的五件事

1 非"妇女争取选举权"派
米莉森特·福西特属于"妇女选举权论"(suffrage)一派,而不是"妇女争取选举权"(suffragette)一派。两个派别的政治观点并不一致,福西特反对"妇女争取选举权"一派那种激进的斗争方法。

2 赞成妇女做家庭主妇
福西特并不鼓励女性放弃做家庭主妇,而认为女性在家中的经历对国家很有价值,决策者应该予以考虑。

3 与人合办了一所大学
福西特是剑桥纽纳姆学院的联合创始人之一。纽纳姆学院允许女性采取弹性学习,因此她们在学习的同时还可以做其他的事情。

4 开拓性的活动家
福西特就许多问题开展了斗争,包括为废除《传染病法》所做的努力。

5 在有生之年取得胜利
1928年,21岁以上的女性获得投票权,福西特在议会见证了这一历史性时刻。她经过60年不懈的斗争,终于取得了胜利。她于次年去世。

1925年
福西特是1925年新年受勋者之一,荣获"大英帝国大十字勋章女爵士"称号。

1929年
米莉森特·福西特大厅建于威斯敏斯特。该大厅由威斯敏斯特学校所有,是女性会面和讨论问题的场所。

1933年
伦敦妇女选举权协会更名为福西特协会。今天,它继续以福西特的名字开展活动。

2018年
一尊纪念米莉森特·福西特的雕像在议会广场揭幕,这是在此建立的第一尊女性雕像。

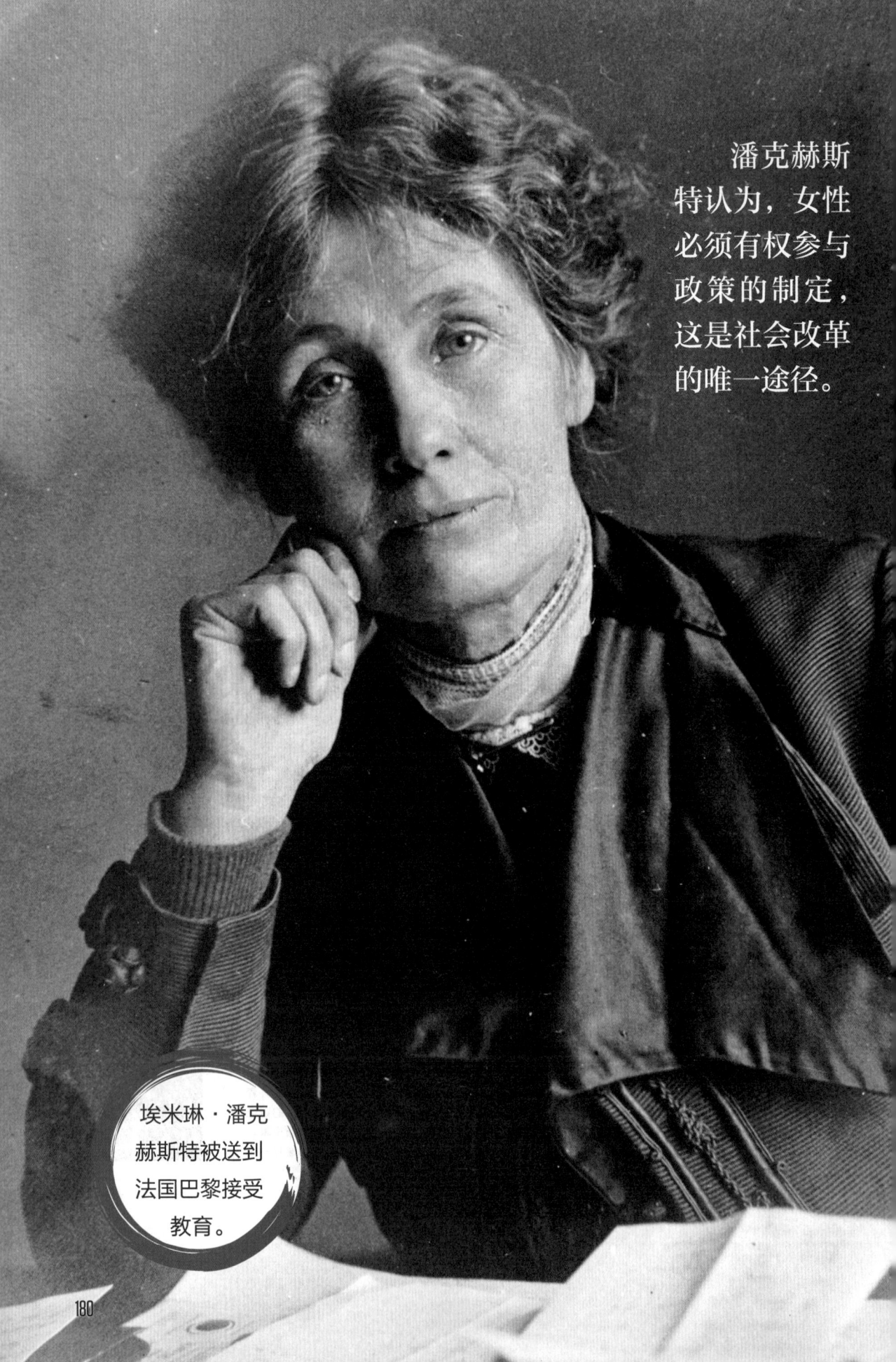

潘克赫斯特认为,女性必须有权参与政策的制定,这是社会改革的唯一途径。

埃米琳·潘克赫斯特被送到法国巴黎接受教育。

1858—1928

埃米琳·潘克赫斯特

让我们回顾一下这位参政妇女领袖的非凡事迹，
她是一位真正的激进勇士

"我们之所以在这里，不是因为我们违法了，而是因为我们要努力参与立法。"埃米琳·潘克赫斯特（Emmeline Rankhurst）不朽的话语彰显了女权运动的精神。她以铁腕手段著称，不惜用极端的方式，领导英国女性进行争取投票权的斗争。她的座右铭是"行动胜过语言"，因此，一场破坏公共设施、暴力抗议和纵火的运动开始了。潘克赫斯特认为，她必须触犯法律，才能使人们关注她这样做背后的原因。为此，她会无数次被逮捕，甚至会造成家庭不和睦，但她在所不惜。潘克赫斯特认为，除非赋予妇女政治权利，否则国家的法律就不会有平等的道德标准。潘克赫斯特口齿伶俐、作风强势，她改变了社会对女性的看法，因此被载入史册，她似乎天生就注定要扮演

> 潘克赫斯特出生于1858年7月15日，但她认为自己的生日是7月14日巴士底日。

《济贫法》

19世纪出现的《济贫法》，堪称穷人的生命线。根据这项法律，每个教区都必须为那些无法工作的人留出专项资金。然而，1834年对该法的修改——《济贫法修正案》意味着只有在特殊情况下才会给穷人钱，如果他们需要帮助，就必须去济贫院干活挣钱，用体力劳动换取食物和住所。但那里的条件极其恶劣，除非真的走投无路了，否则谁也不会迈入。

埃米琳·潘克赫斯特加入了独立工党并被选为英格兰曼彻斯特梅德洛克郡科尔顿的《济贫法》卫士，她有机会亲眼看见济贫院里那些可怜女性的悲惨境遇。她说："我第一次走进这个地方时，看到七八岁的小女孩跪在长长的走廊上擦洗冰冷的石头，我感到震惊。……济贫院里有孕妇，她们在擦地板，做着最艰苦的工作，一直要这样干到她们的孩子出生。"她立刻凭借自己在监护委员会中的职位，试图改善济贫院的条件。这种实干主义点燃了一把火，激励她成为女权运动的领袖。

这样的角色。

潘克赫斯特出生于英格兰曼彻斯特，她的父母给予了她政治方面的启蒙教育。她的父亲是罗伯特·古尔登，母亲是索菲亚·克雷恩，二人都参与过许多社会运动，比如废除奴隶制的运动。她的祖父甚至参加了1819年的彼得卢大屠杀。因此，才刚刚进入青春期的埃米琳·潘克赫斯特就追随父母的脚步也是意料之中的事。她在自传《我自己的故事》中写道："我第一次参加选举权会议时才14岁。有一天，我从学校回来，遇到了正要去开会的母亲，我恳求她带我一起去。"

她的童年很幸福，家庭和睦，充满爱的氛围，但即便如此，她还是能隐约感到性别的不平等。这还要从潘克赫斯特和她的兄弟们上学谈起。她父亲在男孩的教育上花了很多时间，但从来不肯在她和姐姐的教育上浪费时间。一天晚上，她假装睡着了，无意中听到父亲喃喃地说："真遗憾，她不是个男孩。"父亲这句话困扰了她很久。后来她得出结论，男人认为自己比女人优越，但她却从不为自己是个女孩而感到遗憾。"我想也许我并非有意要去参政，我的性情和周围的环境决定了这是自然而然的事。"

在潘克赫斯特加入这场斗争之前，关于女性选举权的问题，即在政治选举中的投票权，已经斗争多年未果。1866年，一些女性向议员提交了一份请愿书，并提出了对《改革法案》的修正案。但这份议案在议会以196票对73票被否决，与此同时，全国各地也都涌现出许多争取女性选举权的组织。1897年，有17个组织联合起来成立了全国女性选举权协会联盟。在米莉森特·福西特的领导下，他们都采取了和平的运动策略，举行公开会议，分发海报和传单，但没有取得进展。鉴于此，1903年，潘克赫斯特成立了妇女社会政治联盟，果断放弃了这种和平策略。

▲ 妇女社会政治联盟成员在金士威（Kingsway）争取妇女选举权

　　作为《济贫法》卫士，她曾亲眼看见济贫院里那些可怜女性的悲惨境遇，这使她坚信"行动胜过语言"才是前进的方向。她经常去曼彻斯特济贫院，接触过许多上了年纪的妇女，她们做了一辈子佣人，终生未婚，无依无靠，老了以后被主人辞退，只能在济贫院卖命地干活。如果女性怀了孕以后还想继续留在济贫院干活，那么她生完孩子必须在两周后与婴儿分开，否则她就得走人，无家可归，看不到希望。这些可怜的妇女让潘克赫斯特的心中燃起了斗争之火，她坚信，女性必须有权参与政策的制定，这是社会改革的唯一途径。她表示："女性比男性有更多关于救济的实际想法。"

　　在此期间，潘克赫斯特得到了丈夫的支持。丈夫理查德·潘克赫斯特博士比她大24岁，是一名激进自由派律师、社会主义者和女性选举权的坚定支持者，为支持她的信仰做了大量工作。二人于1879年结婚，可谓强强联合。他们成立了妇女特许经营联盟，这是一个确保妇女在地方选举中投票的组织。但悲剧很快发生了，理查德意外去世，她不得不独自一人抚养五个孩子。尽管如此，她依然热情投身于选举权运动，后来，她的女儿们也成了她的左膀右臂。妇女特许经营联盟后来成为一个只有妇女成员的活动团体，即妇女社会政治联盟，这是一个关键的转折点。

　　埃米琳·潘克赫斯特的长女克里斯塔贝尔劝母亲说，约14年前建立的妇女特许经营联盟如今已经跟不上时代了。克里斯塔贝尔继承了父母不屈不挠的价值观，成为妇女社会政治联盟的骨干成员，也是1905年被捕入狱的第一批女权主义者。她的罪名是打断自由党的会议，大喊大叫，要求允许女性投票，据说还袭击了一名警察。妇女社会政治联盟采用暴力手段进行斗争，最终发展到纵火。事情发展到这一步，潘克赫斯特的两个女儿阿德拉和西尔维亚便离开了这个组织。留下来的人切断了电话线，发送了信件炸弹，并袭击了财政大臣戴维·劳埃德·乔治的家。潘克赫斯特承认："我从来没有要伤人生命，但的确倡导过破坏财产，这是事实。"

1912年，潘克赫斯特因砸碎窗户而被投入霍洛威监狱，她说那里是"她去过的最闷热而又最透风的建筑"。然而，在狱中，女性参政者不是政治犯，因为政府没有那样给她们定性。为了对不公正和漫长的判决表示抗议（例如，仅仅因为打破窗户就被判了3个月），潘克赫斯特绝食，结果被暴力强制喂食。她并不是唯一一个这样抗议的人。政府通过《猫捉老鼠法》对这种行为进行了打击。在这项法案中，抗议的囚犯被释放，等到他们逐渐恢复体力，再将他们逮捕入狱。然而，公众对这些行为反应不一，尤其是对后来发生的一起惨案。同盟的激进分子艾米莉·戴维森为了引起人们对女性参政运动的关注，冲上爱普生德比赛马场，自戕于国王乔治五世的马蹄下，四天后不治身亡。潘克赫斯特后来写道，艾米莉"坚信，自杀这样的惨剧发生以后，会拯救更多的女性，女性就再也不用遭受非人虐待了"。

> 潘克赫斯特在曼彻斯特的一处住宅作为博物馆开放。

然而，能结束这些激进主义行为的是真正的战争，这种战争史无前例。1914年8月4日，也就是第一次世界大战爆发几天后，潘克赫斯特和女儿决定暂停与政府的斗争，转而与政府共渡难关。在同盟和政府进行谈判后，政府宣布对入狱妇女大赦，暴力活动宣告结束，妇女们投身到支持英国参战的行列之中。潘克赫斯特指出，大敌当前，如果成了亡国奴，争取投票权还有什么意义呢？因此，战争期间，许多女性接替了应征入伍的男性的工作。这个意想不到的机会证明了女性和男性一样能干，在工业和农业领域都扮演了重要角色，比如在军火厂工作，在农场劳动。

社会对性别的态度终于开始改变。1918年2月，《全民代表法案》获得通过，从此，年满30岁且拥有财产权的英国女性被赋予选举权。时至今日，历史学家们仍在争论，究竟是这场战

决定性时刻
第一个孩子出生
1880年9月22日
理查德和埃米琳的第一个孩子克里斯塔贝尔在他们结婚不到一年时出生。克里斯塔贝尔长大后与母亲关系非常亲密，共同成立了妇女社会政治联盟，并共事了15年。其他兄弟姐妹也注意到了这种亲密关系，小女儿西尔维亚在1931年指出："她是母亲的最爱，我们都知道这一点，而我从来没有怨恨过姐姐。"1959年，克里斯塔贝尔写了《未受束缚：我们如何赢得选举的故事》，并赞扬了她母亲的奉献精神。

大事年表

1858年
出生
埃米琳·潘克赫斯特出生在英国曼彻斯特的莫斯赛德，父母都是政治活跃分子。她有11个兄弟姐妹，但有3个在两岁之前不幸夭折。
1858年7月15日

结婚
在巴黎完成学业回国后，遇到了律师理查德·潘克赫斯特，二人对女性选举权的看法一致。他们在萨尔福德结婚。
1879年12月18日

妇女特许经营联盟成立
与丈夫成立了妇女特许经营联盟，旨在让女性在地方选举中投票。
1889年1月1日

理查德病逝
理查德·潘克赫斯特突然死于胃溃疡，留下埃米林·潘克赫斯特和5个孩子。他短暂的一生致力于女性选举权事业，包括撰写了《已婚妇女财产法》。
1898年7月5日

妇女社会政治联盟成立
在长女的帮助下，潘克赫斯特在曼彻斯特成立了妇女社会政治联盟。其座右铭是"行动胜过语言"，目标是为女性赢得选举权。这个仅限女性加入的活动团体不依赖政府和任何政党。
1903年10月

> 有人鼓励潘克赫斯特竞选下议院，但她婉言拒绝了。

妇女社会政治联盟的斗争手段越发暴力，最终发展到纵火。

▲ 1911年，埃米琳·潘克赫斯特在纽约遭到一群反对者的嘲笑

争为女权运动带来了胜利，还是战前的政治运动起了关键作用。一些学者还认为，激进分子的行动弊大于利。无论如何，埃米琳·潘克赫斯特都为此贡献了毕生精力。她充满激情，信念坚定，坚信女性理应享有与男性平等的权利。

不幸的是，她在斗争取得最后胜利前的一个月就去世了。1928年7月2日，即潘克赫斯特去世之年，英国21岁以上女性终于获得与男性同等的选举权。潘克赫斯特去世仅两年，人们就在伦敦维多利亚塔花园建立了一座雕像来纪念她的贡献。在揭幕仪式上，前女权运动人士聚集在一起，向这位女权运动的忠诚战士致敬。

决定性时刻
争取投票权
1908年6月21日
妇女社会政治联盟的50万激进分子拥入伦敦海德公园，争取女性投票权。而阿斯奎斯总理却无动于衷，这令她们非常愤怒。集会结束后，12名妇女聚集在议会广场就妇女权利发表演讲，遭到镇压。妇女社会政治联盟的两名成员伊迪丝·纽和玛丽·利向唐宁街10号的窗户投掷石块。但潘克赫斯特否认此事与全国社会政治联盟有关。

《和解草案》
原本决定给予女性投票权的《和解草案》被撤销，潘克赫斯特非常愤怒，发起了抗议。100多名妇女因扰乱治安而被捕并被起诉。
1910年11月18日

与政府停战
第一次世界大战爆发两天后，潘克赫斯特和克里斯塔贝尔呼吁立即停止与政府的斗争，支持国家，参与战争。
1914年8月4日

男女享有平等的投票权
《全民代表法案》赋予年满21岁的男性和年满30岁的女性投票权。
1918年2月

埃米琳·潘克赫斯特去世
埃米琳·潘克赫斯特去世几周后，同年7月2日，年满21岁的女性获得了投票权。
1928年6月14日

纪念埃米琳·潘克赫斯特
埃米琳·潘克赫斯特去世两年后，伦敦维多利亚塔花园建立了一尊雕像。一些激进分子和前女权运动人士聚集在此纪念她。
1930年3月6日

1930年

1884—1962

埃莉诺·罗斯福

埃莉诺·罗斯福是一位充满争议而又很有原则的女性，
她在关键时刻入主白宫，改变了美国政治

从1933年到1945年，安娜·埃莉诺·罗斯福（Anna Eleanor Roosevelt）做了12年的美国第一夫人，创了美国历史之最。其丈夫富兰克林·德拉诺·罗斯福是唯一一位美国历史上连任四届的总统。在前所未有的国内外动荡时期，她担任第一夫人的时间持续了12年1个月1周1天。她雄心勃勃而又颇具争议，目标明确，立场坚定，在历任美国第一夫人中可谓特色鲜明。

第一夫人似乎总是陷于一种矛盾的处境：她未经选举而进入美国最著名的众议院，她的头衔是非官方的，没有薪水。在宪法中，总统、最高法院和国会三权分立，而她没有任何权力。然而，作为总统夫人，她有着无与伦比的地位和责任。总统被她迷住了，全世界的目光也都聚焦在她身上。

第一夫人的工作职责在美国早期确立，当时的第一夫人玛莎·华盛顿为乔治·华盛顿策划并主持了招待会。但美国没有贵族头衔，应该如何称呼她呢？首位"第一夫人"玛莎·华盛顿喜欢人们称她为"华盛顿夫人"，而后来的那些第一夫人更喜欢"总统夫人"这个称呼。19世纪40年代，约翰·泰勒总统的妻子朱莉娅在白宫自称"总统夫人"，离开白宫后称自己为"前总统泰勒夫人"。

"第一夫人"这个头衔似乎出现在19世纪中叶，但直到20世纪初才确定下来。因为当时正

> 埃莉诺打破传统，成为第一位每周举行关于自己的新闻发布会的美国总统夫人，并只邀请女性媒体成员。

值新女性时代，女性坚持她们参与公众生活的权利，而不仅仅是丈夫的社交秘书。埃莉诺·罗斯福正是那个时代的产物。早期的那些第一夫人的确发挥了作用，但埃莉诺是首位以自己的身份进入白宫的公众人物。

1910年，富兰克林·德拉诺·罗斯福以纽约州参议员的身份进入政坛。随后的20多年间，埃莉诺一直在研究政府的运作方式，并制定策略来发展那些自己心仪的事业。第一次世界大战期间，罗斯福担任伍德罗·威尔逊政府的助理海军部长；埃莉诺则全身心投入战时救济工作，并成功地为改善华盛顿特区军事精神病院圣伊丽莎白医院的状况进行游说。

战后，由于罗斯福患病，埃莉诺频繁出现于公众的视野中。1920年，民主党在选举中失利，民主党副总统候选人罗斯福回到了私人执业律师的老本行。1921年，他患上了小儿麻痹症。埃莉诺认为，罗斯福只有重返政坛，才能重新振作起来。在罗斯福治疗期间，她精心制定护理方案，还要抚养5个孩子。这段时期，丈夫没有出现在公众舞台上，反而促使她塑造了自己的角色。

1920年，埃莉诺参加了罗斯福的竞选活动，但她囿于礼节而没有发言。但现在，她可以公开谈论工作场所的种族平等和性别平等，以及穷人和失业者的困境。大萧条时期，埃莉诺在纽约妇女城市俱乐部、女性选民联盟、世界和平运动和妇女工会联盟的董事会中积累了经验和声望。她在纽约州北部建立了一家家具厂，为当地创造就业机会。她接管了纽约市的一所学校并在那里任教。她开始了自己的职业生涯，在电台发表演说，在报纸专栏上撰写文章，后来还成了行家里手。

1928年，罗斯福以纽约州州长的身份重返政坛，埃莉诺便退居丈夫身后，但她依然从事政治活动。尤其是丈夫生病时，她到美国各地参加会议、进行访问，称自己是丈夫的"眼睛、耳朵和腿"。

▲ 1949年，埃莉诺·罗斯福正在看自己主持起草的《世界人权宣言》

1933年3月，罗斯福登上总统宝座，这使得埃莉诺的自由职业活动进一步减少，但同时她也帮助丈夫进行一些半官方的政治活动，这一举动颇具争议。前几任第一夫人在白宫从事的活动都与政治无关。比如，格雷斯·柯立芝为聋人工作，卢·胡佛为女童子军工作。而后来的米歇尔·奥巴马倡导通过健康饮食和锻炼来改善美国人民生活，也不涉及任何政治问题。

埃莉诺是作为一名积极的党派问题活动家来到白宫的，因为当时的美国正处于大萧条时期，这给数百万人带来了苦难。罗斯福就任总统两天后，她打破了传统，首次作为第一夫人举行了新闻发布会，而且只邀请女性媒体成员。白宫记者招待会传统上是男性的专属活动，但纯女性记者招待会成为埃莉诺在"第一夫人"任期内的常规活动。这给了她一个机会，在一个几乎完全由男性主导的职业中展现女性的能力，并由此表明，女性可以在许多以前从未涉足的职业中取得成功。

类似的象征性行为向人们昭示了美国第一夫人对种族歧视问题的立场。在当时，许多白人都是坦率的种族主义者，埃莉诺是华盛顿特区第一个加入全美有色人种协进会的白人。1938年，埃莉诺在亚拉巴马州参加一个会议。在那里，白人和黑人被安排在不同的区域就座，为了表明自己的立场，她把椅子移到了过道上。

在国会，埃莉诺的批评者，没有看到公然存在的党派偏见和特权地位，更没有看到她倡导的

▲ 埃莉诺童年时举止严肃，她妈妈给她起了个绰号"奶奶"

▲ 1940年，在红十字会战争救济筹款活动上

平衡行动。然而，埃莉诺认为，只要是为了国家利益而行事，就不可能存在利益冲突。20世纪30年代末，为了让美国经济走出大萧条，罗斯福承诺实施新政，这是一系列旨在创造就业机会的大规模政府计划。这也为第一夫人提供了一个独特的机会。

埃莉诺利用自己的人脉和声望，优先考虑新政计划中的关键问题。她在白宫召开会议，审查失业妇女的需求，讨论"黑人妇女和儿童参与联邦福利计划"，并于1944年讨论妇女在战后政策制定中的作用。她重视新政机构，如土木工程管理局和联邦紧急救济管理局，以及减少女性失业的部门，并亲自挑选这些机构的负责人。

埃莉诺与全美有色人种协进会主席沃尔

埃莉诺的前任们

阿比盖尔·亚当斯
1744—1818
阿比盖尔·亚当斯是首位居住在白宫的总统夫人，她在政策上为丈夫约翰·亚当斯总统提供建议。总统在费城的大陆会议上就如何组建美国政府进行谈判时，她给丈夫出谋划策。

莎拉·波尔克
1803—1891
莎拉·奇德里斯·波尔克是丈夫詹姆斯·波尔克总统值得信赖的顾问，负责编辑他的演讲稿，并为他提供政策建议。由于担心总统的健康，波尔克减少了白宫的娱乐活动。

海伦·塔夫脱
1861—1943
塔夫脱因追求完美而被称为"⋯"，经紧张的内莉。她参加了丈夫威廉·霍华德·塔夫脱总统的内阁会议，并在⋯的竞争对手⋯时坐在前排⋯他侮辱了自己⋯丈夫。

想当总统吗?

▲ 埃莉诺·罗斯福在纽约成功湖联合国会议上

埃莉诺是总统西奥多·罗斯福的侄女,也是总统富兰克林·德拉诺·罗斯福的妻子。据说,1945年丈夫去世后,她曾谋划竞选总统。然而,在1946年7月,她在《观望》杂志上发表了一份免责声明,列出了自己不参加竞选的几个原因。其一,她希望自己在新联合国的工作能够阻止未来的战争。其二,她上了年纪,觉得应该把更多的机会留给年轻人。其三,她回归平民后,不再生活在聚光灯下,可以"只对自己负责"了,这对于她来说弥足珍贵。其四,作为罗斯福职业生涯中的"旁观者"和"助手",她见证了"政治上最糟糕和最美好的一面,也尝尽了政治家的酸甜苦辣",所以她"绝对不想"再做总统了。

埃莉诺认为这些都是不言自明的事实。她说:"我想,到目前为止,还没有一位女性能够得到大众的支持来做总统。不管是男人还是女人,都不接受也不希望女性成为总统。如果我还年轻,竞选总统可能会是个有趣的挑战。"

伊迪丝·威尔逊
1872—1961
伍德罗·威尔逊总统在1919年10月患了中风,他的第二任妻子伊迪丝·威尔逊在他第二任期的最后两年里管理着政府的行政部门,成为实际的掌权者。伊迪丝于1915年与总统结婚。

弗洛伦斯·哈丁
1860—1924
伊迪丝·威尔逊之后的第一夫人是弗洛伦斯·哈丁,她被称为"公爵夫人",比沃伦·哈丁总统大5岁。哈丁是首位邀请电影明星进入白宫的第一夫人。

来自白宫的智慧哲学

埃莉诺·罗斯福的人生哲学

"只要你自己不低头,谁也不能令你感到自卑。"

◆

"伟人谈论思想,普通人讨论事件,小人议论是非。"

◆

"未来属于有理想的人。"

◆

"女人就像一个茶包,只有把她放进热水里,你才能知道她有多强大。"

◆

"每天做一件让自己害怕的事。"

◆

"从长远来看,我们的生活是什么样子,我们自己是什么样子,这一切归根结底都源于我们本身。这个过程会一直持续到我们离开这个世界的那一天。最终,我们要为自己的选择负责。"

特·怀特合作,将新政运用到她为非洲裔美国人争取平等权利的活动中。她在全美有色人种协进会会议上发表讲话,进而增加了联邦对非洲裔美国人机构的资助,并确保关键立法法案承认种族不平等的问题。保守组织"美国革命女儿会"的成员拒绝将音乐厅、华盛顿的宪法会厅,租给著名的黑人女歌手玛丽安·安德森用作演出场地,因此,埃莉诺于1939年离开了这个组织。

罗斯福总统任职期间,经历了大萧条、新政和第二次世界大战,这些历史事件对美国社会影响深远。埃莉诺为妇女和非洲裔美国人争取权利的行动对于民主党而言,受益颇多。她在电台和报纸上进行宣传,帮助民主党获得了大多数女性选民。她的每日专栏"我的日子"是非常人性化的评论文章,将政治与她作为总统的人民使者的日常经历有机结合。此外,非洲裔美国人长期以来都支持共和党,而埃莉诺倡导的非洲裔美国人权利运动,使这些选民远离共和党即林肯党,转而支持民主党。在这一点上,埃莉诺厥功至伟。

第二次世界大战后经济复苏,妇女和非洲裔美国人可以外出工作。第一夫人在珍珠港袭击事件当晚就向全国发表讲话,而罗斯福总统直到第二天才向公众发表讲话。她全身心地投入到战争中,在广播中直言不讳地反对轴心国,并把白宫草坪改造成"胜利花园"。

1945年4月,罗斯福总统去世,第一夫人遂宣布退出公众视野。但到当年年底,她是杜鲁门总统派往新成立的联合国的五人代表团中唯一

> 埃莉诺尽第一夫人所能去减少贫困人口,消除种族主义。

的女性。她升任人权委员会主席，并于1948年12月提交了《世界人权宣言》，请联合国成员国批准。她一直致力于争取劳工权利和种族平等，直到1962年去世。

很多人试图以各种方式阐释美国宪法，比如，"原创主义者"想体现起草人的初衷；而"社会活动家"将宪法视为一份文件，认为其含义可以随着时间的推移和社会的进步而变化。埃莉诺就是一位社会活动家，在那个动荡的年代，她针对性别歧视和种族歧视的发展情况，不断调整自己的政治主张。毫无疑问，作为第一夫人，她为民主党服务。在罗斯福担任总统期间，埃莉诺一开始坚持说，自己在广播和报纸上发表的言论与总统的政策不相关。但后来，她终于承认，

▲ 20世纪30年代与罗斯福总统共事

▲ 1956年，埃莉诺在费城民权组织公民运动委员会总部

罗斯福政府利用她来发布一些不讨好的消息，宣传一些不受欢迎的政策。

现在看起来，这些政策多数是正确的。当时，埃莉诺向丈夫施压，要求他通过一项反对私刑的法律，总统不同意，因为他不想疏远南方的白人选民。埃莉诺直言不讳地向丈夫提建议，这对罗斯福竞选很有帮助。她试图使国会中的多数孤立主义者和美国公众认识到，德国和日本这两个国家野心勃勃，想要扩张领土，对美国来说是非常危险的。

美国经济大萧条时期，种族歧视又大行其道。此时，埃莉诺·罗斯福发挥了第一夫人的重要作用，减少贫困人口，消除种族主义，并号召美国加入"二战"。

然而，世人对她所做的这一切持不同观点。有人认为，她从本质上改变了白宫女主人的传统形象，成为各种社会活动的积极倡导者、政治活动的热情参与者、丈夫事业的有力支持者和政治合作伙伴，这种现象是前所未有的。但也有人认为，她参政过多，超越了第一夫人的权力。如今，第一夫人的权力受到了更严格的审查。

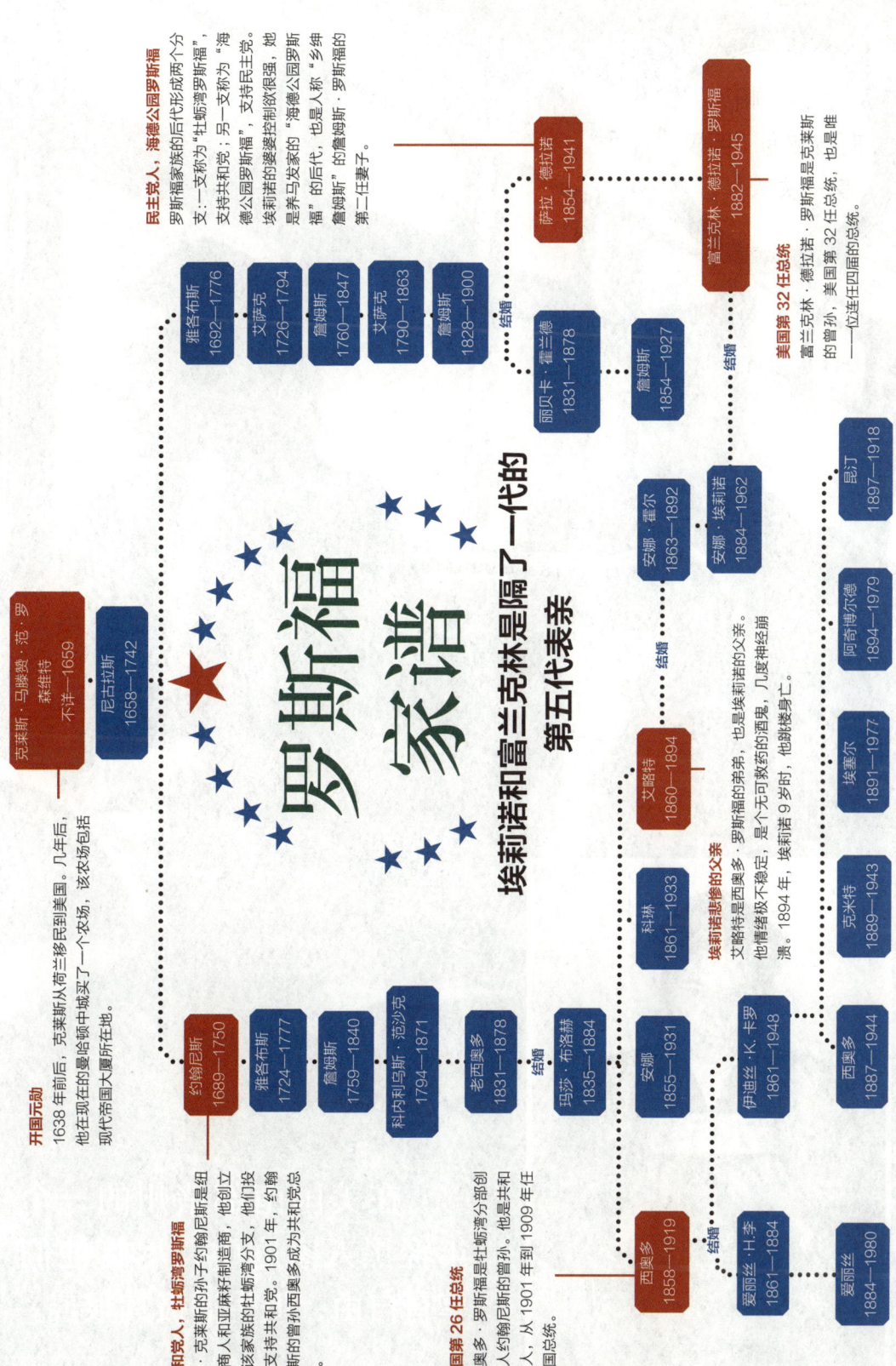

罗莎·帕克斯被称为"民权第一夫人"。

在美国南部诸州的一个年轻黑人家庭中,尽管他们享有自由,但生活极其艰苦。

1913—2005

罗莎·帕克斯

起初在一个社区发生了小规模黑人反抗运动，后来逐渐蔓延到全国，引发了全国民权运动

一提到民权运动，人们就会想到一位几乎是单枪匹马发起全国运动的女性——罗莎·帕克斯（Rosa Parks）。20世纪50年代，美国社会的黑人都被严格要求与白人隔离。虽然罗莎·帕克斯不是第一个抵制隔离制度的人，但她点燃了全国民权运动之火的火花。

1955年12月1日，罗莎·帕克斯下班后坐蒙哥马利市的公交车回家，她被要求把自己的座位让给一个白人。她拒绝了，因而被逮捕。她的法庭案件得到了全美有色人种协进会地方分会的支持，该分会组织了一次全市范围的巴士抵制活动，持续了381天，由新任命的全美有色人种协进会主席马丁·路德·金领导。这场非暴力抗议被全国各大媒体报道，传播到全国各地，可以看作美国民权运动的导火索。这种对黑人的歧视简直太不公平了，因此，激起了一大批人站起来为种族平等而战。

1913年2月4日，罗莎·帕克斯出生在亚拉巴马州首府蒙哥马利附近的小镇塔斯基吉。母亲利昂娜·麦考利是教师，父亲詹姆斯·麦考利是木匠，他们重视教育，坚定支持种族平等。尽管他们有人身自由，也强烈反对种族歧视，但南方诸州的年轻黑人家庭生活极其艰苦。亚拉巴马州黑人的工作几乎都是白人提供的，但大多工作的工资和福利少得可怜。

罗莎·帕克斯一直在种族隔离学校读书。16岁时她正上高中，但是为了

> 妇女政治委员会第一个站起来抵制黑人让座规定。

照顾生病的祖母而被迫辍学,后来母亲也病了。几年后,丈夫鼓励她回到学校,获得高中文凭。从这点可以看出她意志坚强,勇于面对困难。尽管她是个受压迫的黑人,但她在成长过程中有着强烈的自我价值感。熟悉她的人都说,虽然她说话很温和,但她有一种安静的力量和决心,每当面对困境,她都会奋力拼搏。

罗莎·帕克斯在蒙哥马利的一家纺织厂找到了一份裁缝的工作。1932年,19岁的帕克斯与雷蒙德·帕克斯结婚。雷蒙德没有受过正规教育,但他积极参加了全美有色人种协进会。罗莎·帕克斯很快也加入了这个组织。1955年12月1日,她用行动反映了她对这项事业的热情。她不仅绝不放弃自己的座位,而且还致力于改善亚拉巴马州乃至整个美国黑人的生活。

对许多人来说,12月那天发生的事情本应该是司空见惯的。蒙哥马利的公交车座位是按颜色分开的,前面是白人专用的,后面是黑人专用的。这意味着黑人需要在前面买票,然后下车,走到后门找个座位。司机有权将隔离线向后移动,并在乘坐高峰时迫使黑人让座。如果黑人不让座,就会被扔下车,并叫警察来抓他。

那一天,帕克斯工作了一整天,非常疲劳,在拥挤的公交车上,与另外三名黑人坐在一排。这时,司机詹姆

> 罗莎·帕克斯和参加抵制活动的其他成员受到死亡的威胁。

▲ 埃德加·尼克松在巴士抵制活动中发挥了重要作用,并保释罗莎·帕克斯出狱

斯·布莱克注意到一个白人站着，于是他命令罗莎·帕克斯和其他黑人让出座位。虽然只需要一个座位，但法律规定白人和黑人不能坐在同一排。这意味着四个黑人都必须站起来。起初他们拒绝了，詹姆斯·布莱克就威胁说："你们放明白点，还不赶紧给白人让座！"其他三个黑人见状只好屈服，只有罗莎·帕克斯没有让步，她说她没坐在白人区，所以她不应该给白人让座。罗莎·帕克斯晚年回忆起这件事时说："那个白人司机走向我们，挥手命令我们从座位上站起来，我当时就下定决心要像冬夜的被子一样盖住自己的身体，一动不动。"帕克斯以钢铁般的决心坚决不动一英寸①，无奈的詹姆斯·布莱克只好给上司打电话征求意见。上司回答很简单："吉姆，那你就照章办事，行使你的权力，把她赶走，听到了吗？"罗莎·帕克斯随后被捕，因为她没给白人让座，违反了法律。她被捕时，问了警察一个问题："你为什么要压迫我们？"警察回答："我不知道，但法律就是法律。"这次拒绝让座事件被广泛认为是美国民权运动的一个导火索。

罗莎·帕克斯因违反《蒙哥马利市法典》第6章第11节有关种族隔离的规定而被拘留在警察局。当晚，全美有色人种协进会地方分会主席埃德加·尼克松为她保释。尼克松想利用罗莎·帕克斯被捕事件来助推他们的事业，因此立即开始计划当晚抵制该市的公交车。第二天，整座城市充斥着报纸广告，前一天晚上制作的35000多份传单在黑人社区分发。抵制行动呼吁所有黑

---

① 1英寸=0.0254米。

民权运动中的女性

范妮·卢·哈默
哈默曾因争取平等权利而入狱，并遭到残酷殴打，她在1964年的电视直播中坦率地讲述了自己的经历。林登·约翰逊总统还为此组织了一次临时新闻发布会，呼吁媒体不要报道这种令美国感到尴尬的种族歧视。哈默讲述了她在1964年民主党大会上的可怕经历。

多萝西·海特
多萝西担任全国黑人妇女委员会主席40年，孜孜不倦地帮助低收入学校和贫困家庭。2010年，奥巴马总统把她誉为"民权运动的教母"。海特被视为民权运动的关键人物之一。

黛西·贝茨
作为民权运动的标志性成员，贝茨最著名的成就是在1957年带领小石城九人队进入小石城中央高中。在小石城之后，贝茨不知疲倦地努力改善贫穷社区的生活条件。

塞普蒂玛·克拉克
塞普蒂玛·克拉克致力于呼吁黑人教师与白人教师同工同酬的事业。她被马丁·路德·金誉为"现代民权运动之母"，自1919年以来一直为种族平等而战。克拉克一直在南方基督教领袖会议组织工作，直到1970年退休。

伯妮丝·罗宾逊
罗宾逊是一位民权活动家，深谙教育在争取平等中的重要性。她积极在南卡罗来纳州建立公民学校，并与南方基督教领袖会议组织合作，教授成人阅读技能，帮助美国黑人通过识字测试，以便履行投票权。

黛安·纳什
作为学生非暴力协调委员会的创始人，黛安·纳什是整个民权运动中最具影响力的人物之一。她组织静坐示威，还参与组织传奇的自由乘车者行动。纳什不知疲倦地在纳什维尔和其他地方工作，争取平等权利，消灭种族隔离。

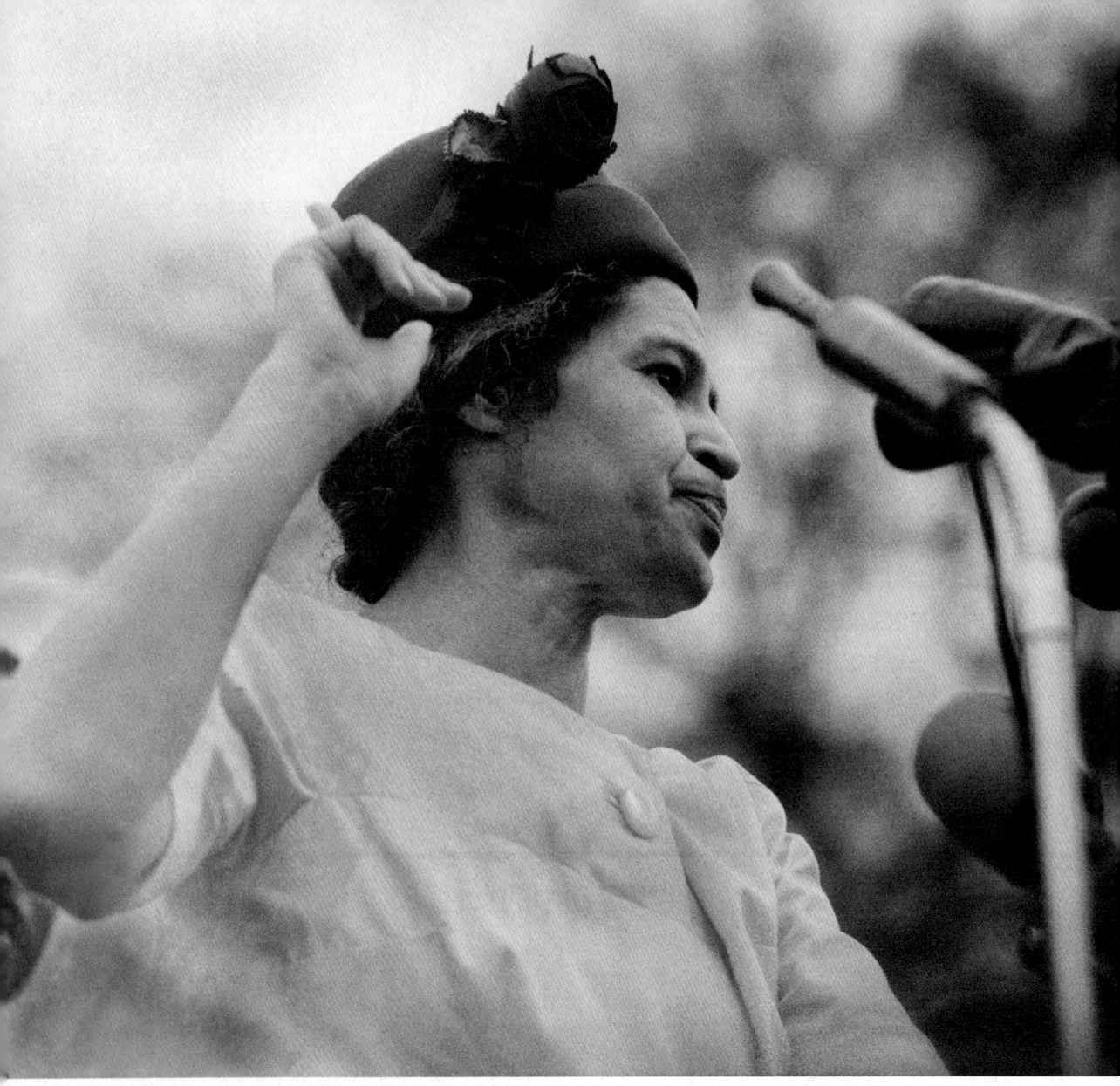
▲ 罗莎·帕克斯成了民权运动的精神领袖,她终生都在为种族平等而战

人拒绝乘坐公交车,除非他们在车上受到与白人乘客同等的尊重,取消隔离座位,雇用黑人司机。蒙哥马利改善协会(The Montgomery Improvement Association)的成立是为了呼应这一倡议,其负责人是马丁·路德·金,他最近刚到蒙哥马利开展活动,想借助罗莎·帕克斯事件在全国范围内开展斗争。

抵制活动的第一天恰逢罗莎·帕克斯受审,她被罚款14美元。抵制活动又持续了380天,许多黑人不乘坐公交车,转而乘坐黑人出租车、

> 为了支持抵制活动,黑人出租车公司将车费降低到公共汽车票的价格。

拼车或步行上班，有些人甚至每天步行32千米。这样一来就达到了预期的斗争目的，这家巴士公司就要经营不下去了，大部分巴士闲置了一年多。然而，与此同时，黑人教堂被焚毁，金和尼克松的住宅都遭到袭击，该组织也受到重创。当局还试图通过其他方式阻止抵制活动，比如，如果哪个出租车公司载黑人上班，就取消他们的保险，并根据已经被废弃的反抵制法律进行逮捕。

但这些制裁几乎没有影响到该组织的法律攻势。就在一年前，最高法院对布朗诉教育委员会案的裁决认定，隔离学校是违宪的。基于此，该组织的法律团队试图挑战公共交通隔离法。1956年6月，蒙哥马利的种族隔离法被裁定违宪，尽管遭到抵抗，但最高法院于1956年11月维持了这一决定。蒙哥马利市别无选择，只能结束公共交通上的种族隔离。抵制活动最终于1956年12月20日正式结束。

罗莎·帕克斯的抵抗活动是美国南部规模最大、最成功的反对种族隔离的抗议活动之一。其非暴力手段获得全美报道，并有助于将争取民权的斗争推向全美。

南方基督教领袖会议的成立

蒙哥马利巴士抵制运动成功后，南方基督教领袖会议诞生了。该组织以马丁·路德·金为首，旨在利用亚拉巴马州的胜利，以非暴力方式推进民权事业。当时南方的黑人社区都是围绕着教堂而形成的，因此由牧师担任领导人是一个明智的选择。金说："该组织以教会为导向，是因为南方黑人社区的结构非常复杂。"

南方基督教领袖会议将各种较小的民权团体联合在一个精神保护伞之下，形成了三个主要目标作为该组织的基石。首先是鼓励南方白人参与他们的事业。尽管南方白人对黑人的仇恨和刻薄令人震惊，但该组织认为，并非所有人都持种族主义观点。其次，他们也鼓励所有黑人"寻求正义，拒绝一切不公正"。对该组织来说，最后一点，或许也是最重要的一点，就是对非暴力抗议的严格信仰和坚持。该组织的非正式座右铭是"不会伤害白人的一根头发"。

▲ 该组织目前仍然活跃，其现任领导人为小查尔斯·斯蒂尔，此前该组织由金博士的女儿伯尼斯领导

1933—2020

露丝·巴德·金斯伯格

金斯伯格是受人尊敬的法官、自由派偶像和美国国宝级人物，她倡导平等，反对性别歧视，并为之奋斗终生。

2020年9月，为美国的性别平等事业贡献了毕生精力的露丝·巴德·金斯伯格（Ruth Bader Ginsburg）去世，白宫为此降半旗致哀。

金斯伯格做过最高法院律师、助理法官和大法官，她坚守法律平等、正义的原则，改变了美国的法律格局，尤其是在女权方面。

1933年3月15日，琼·露丝·巴德出生于纽约市布鲁克林，父亲是内森·巴德，母亲是西莉亚·巴德。内森是俄国（现在的乌克兰）移民，从事皮货工作，而奥地利移民的女儿西莉亚是一名家庭主妇，帮助内森做生意。巴德夫妇的大女儿玛丽莲给妹妹琼起了个昵称叫"小可爱"，因为这个小宝宝实在太活泼可爱了。但玛丽莲6岁时不幸死于脑膜炎，当时露丝只有14个月大。

琼刚上学时，西莉亚建议老师叫她的中间名露丝，以免和班上其他几个琼混淆。因此，"小可爱"的大名是露丝，后来就一直用这个名字了。

西莉亚·巴德非常重视小露丝的教育，她定期带女儿去图书馆，让孩子爱上阅读。西莉亚很

聪明，但为了赚钱帮助哥哥上大学，她中途辍学去工作了。露丝对此感触很深，所以，她很珍惜自己受教育的机会。西莉亚还向女儿灌输了一种自力更生的意识，露丝回忆说："母亲教育我，要做一名有教养的淑女，要自立自强，人格独立。"这种思想在当时很进步，因为那个年代，人们觉得女性应该做一个好妻子，在经济上依赖丈夫也是理所应当的。"母亲让我明白一个道理：即使遇到了心仪的白马王子，也不要依赖他，要有自立的能力。"露丝天赋异禀，成绩优异，在中学毕业典礼上作为毕业生代表发言。然而，上高中不久，母亲被诊断出患有宫颈癌。为了让病重的母亲为自己感到骄傲、渡过难关，她强忍悲伤，顶住压力，坚持完成学业。正如她所说，自己刻苦学习，参加课外活动，很少睡觉，这一切支撑着她"坚持下去"。全身心投入到工作和学习中会帮助她闯过难关，这也是露丝受用终生的制胜法宝。露丝学习非常努力，成绩优异，还上了光荣榜。她本应在高中毕业典礼上发表演讲，但是很遗憾，她没有参加典礼，因为就在毕业典礼的前两天，母亲去世了。

露丝成绩优异，获得了康奈尔大学的全额奖学金，主修政治学。就读期间，她遇到了两位对她影响深远的老师。一位是欧洲文学作家弗拉基米尔·纳博科夫教授，他用词准确，表达简洁，这成为露丝后来一贯的司法写作风格。另一位是教宪法的罗伯特·库什曼教授，他建议露丝转到法学院。当时露丝是他的研究助理，从老师身上，她学到很多，至今记忆犹新，比如"掌握了法律技能可以使世界变得更好，还可以发现社会弊端"。

也是在康奈尔大学，经人介绍，大一的露丝认识了大二学长马丁（马蒂）·金斯伯格。她后来说，马蒂是"第一个因为我脑子里的想法而对我感兴趣的人"。二人于1954年6月结婚，当时露丝刚从康奈尔大学毕业（她是班上成绩最好的女生）。他们搬到俄克拉荷马州，马蒂也服完了兵役。其间，露丝做了几份文书工作，但当老板得知她怀孕后，就降了她的职。这种性别歧视在当时很常见，因为孕妇得不到任何法律保护。

为了便于马蒂到哈佛法学院学习，金斯伯格夫妇把家搬到了哈佛大学附近。1955年7月，他们的第一个孩子简出生后，露丝也去了哈佛法学院学习。她是500名新生中仅有的九名女生之一，但在法学院一些教师眼中，九名女生似乎仍然太多。据说，院长曾经问这些女生："你们为什么要来哈佛法学院？要知道，这里可是男人的天下。"

在哈佛大学就读期间，马蒂被诊断出患有睾丸癌。其间，露丝将他们年幼的女儿照顾得很好，也兼顾了自己的学业。她一面照顾生病的丈夫，一面同时上他们两个人的课，还帮丈夫写论文。谢天谢地，马蒂完全康复，完成了学业。马蒂在纽约一家律师事务所找到了一份工作，而露丝也转入哥伦比亚大学法学院读最后一年。1959年5月，她以全班第一名的成绩毕业。

露丝毕业后很难找到工作。尽管她的学习成绩出类拔萃，但没有律师事务所愿意聘用她，就因为她是女人。一位哈佛大学的教授特地为她写了推荐信给最高法院大法官费利克斯·法兰克福，让她担任助理法官，但法兰克福拒绝了，因为他觉得与一个女人一起工作会令他感到浑身不自在。

> 小时候，露丝的母亲经常给她读埃莉诺·罗斯福的《我的日子》专栏。

▲ 1977年露丝当律师时的照片

露丝·金斯伯格后来终于获得了一份工作，在纽约南区的美国地区法院（the US District Court for the Southern District of New York）担任法律秘书。两年后，终于有律师事务所向她伸出橄榄枝，但这一次，她拒绝了。1961年，她重返哥伦比亚大学，担任研究助理，从事法学院的国际程序项目研究。后来她成为该项目的副主任，同时在瑞典兰德大学研究瑞典民事诉讼，还为此自学瑞典语。

1963年，露丝·金斯伯格到新泽西州罗格斯法学院担任法律教授，而当时美国的女性法律教授不超过20位。为了避免再次遭受歧视，她故意穿大一点的衣服来掩盖自己怀孕的事实。1965年9月，露丝·金斯伯格生下了儿子詹姆斯。因为露丝·金斯伯格在大学时期和后来的职业生涯中屡遭性别歧视，加之当时美国女权运动蓬勃发展，她遂将研究重点转向了性别歧视。1970年，她与其他人共同创办了《女权法律报》，这是全美第一份专门关于妇女权益问题的法律杂志。

> 露丝在哈佛大学法学院和哥伦比亚大学法学院就读期间，都担任法律评论编辑，这使她成为第一位在两大名校都赢得这项荣誉的女性。

莫里茨诉国税专员案

本案是早年露丝·金斯伯格与丈夫一起辩护的第一场官司。露丝的丈夫马蒂是一名税务律师，本案就是经由丈夫提醒才引起了她的注意。金斯伯格夫妇为查尔斯·莫里茨辩护。莫里茨是一个照顾残疾母亲的未婚男子，他要求对其照顾母亲的费用进行减税，国税局拒绝了他的要求，因为法律规定这种减税只适用于女性和已婚男子。莫里茨到美国税务法院对这一决定提出了质疑。他在向法院提交的案情摘要中写道："如果我是孝顺的女儿，就会得到这项减税；而我是孝顺的儿子，就无法享有减税。这难道不是性别歧视吗？"

税务法院驳回了他的起诉，但金斯伯格夫妇向美国上诉法院提起诉讼。马蒂为案件中与税收有关的案情辩护，而露丝则为性别平等问题辩护。露丝表示，拒绝莫里茨的减税构成性别歧视，为什么同等条件下的女性就理所应当地获得减税？这违反了美国宪法第14修正案的平等保护条款。金斯伯格夫妇还认为，应该将这项法律扩大到未婚男性才合理，否则，就应该废除这项法律，无论男女都不能享有减税。

经过数月的审议，法院一致裁定莫里茨胜诉。该法律经过修订，允许任何个人，无论性别或婚否，都可以申请照顾者税收减免。

▲ "莫里茨诉国税专员案"是金斯伯格夫妇合作辩护的唯一案件，马蒂是一名专业的税务律师

▶ 1980年，露丝·金斯伯格在被提名为法官后与卡特总统会面

▶ 1993年，参议员莫伊尼汉（左）和拜登（右）看着露丝·金斯伯格在被提名进入最高法院后答记者问

▶ 1993年，露丝·金斯伯格宣誓就任最高法院首席大法官伦奎斯特的助理法官

金斯伯格语录

"为你关注的事情而奋斗,但不要孤军奋战。"

◆

"想要说服他人,就要先学会管理自己的情绪。"

◆

"你可以不赞同他人的意见,但不要让人觉得你难以相处。"

◆

"书籍是打开美好人生大门的钥匙。书籍给了我梦想,而大量的阅读助力我实现梦想。"

◆

"要想让自己实现质的飞跃,就必须脚踏实地,一步一个脚印。"

◆

"要让整个社会看到女性的巨大潜能,要让女性发挥自身的巨大潜能,这样就会有越来越多的女性投身社会,让世界变得更美好。"

作为律师,金斯伯格在最高法院为六起案件的当事人辩护,其中五起胜诉。

在罗格斯大学期间,露丝·金斯伯格自愿为1971年"里德诉里德案"撰写案情摘要。萨莉·里德和塞西尔·里德是一对分居的夫妇,他们对已故养子的遗产应划定在谁的名下而发生冲突。根据爱达荷州遗嘱认证法,塞西尔为遗产管理人,在此类事务中,"男性必须优先于女性"。萨莉不服,于是诉诸法庭。金斯伯格的辩护很有说服力,她指出,"男性优先于女性"违反了第14修正案的平等保护条款,因此是违宪的。这一辩护取得了里程碑式的胜利,最终,最高法院一致裁定萨莉·里德胜诉。

1972年,金斯伯格再次回到哥伦比亚大学,成为该校法学院首位获得终身教职的女性。在那里,她在美国公民自由联盟成立了妇女权利项目,通过该项目,她于1973年在最高法院为自己的第一个案件进行了辩护。

金斯伯格对案例精挑细选,她分别代表男性和女性辩护,证明无论男女,都会受到性别歧视。她从实际角度出发,认真研究每一个案例中所涉及的具体法律细节,目的是彻底消除美国的性别歧视,而不是仅仅在这方面做一些改变。金斯伯格的另一个精明的做法是使用"性别"一词,而不是"性"。对此,她的秘书表示,"性"

▲ 2002年，露丝·金斯伯格在最高法院的办公室里

会分散法官的注意力，不利于公正的判决。

之后的几年里，金斯伯格以倡导男女平等而闻名。她在法庭上取得了具有里程碑意义的胜利，揭露了美国社会中许多根深蒂固的性别歧视现象。她在辩护中首开先河，证明根据第14修正案的平等保护条款，很多做法都是违反美国宪法的。宪法相关条款规定："任何州都不得拒绝在其管辖范围内的任何人受到法律的平等保护。"

她作为律师在最高法院辩护的最后一个案件是1979年的"杜伦诉密苏里案"，对密苏里州的一项法律提出了质疑。该法律规定，该州所有女性都有权选择是否履行陪审义务，而65岁以下的男性却是强制履行陪审义务。金斯伯格认为，这项法律对于男女来说都具有歧视性。男性不能仅仅因为他们是男性就有权履行陪审义务，而女性可以选择是否履行陪审义务，就减少了她们对社会的贡献。法院再次判金斯伯格胜诉。

1980年，吉米·卡特总统任命金斯伯格为美国哥伦比亚特区巡回上诉法院的联邦法官，她将在那里担任法官13年。任职期间，人们眼中的金斯伯格是一位温和的法官。尽管她在性别平等问题上的观点是激进的，但她在一些裁决中经常与观念保守的法官达成共识，因此，被称为"谨慎的法学家"。

1993年，她由比尔·克林顿总统提名接替即将退休的拜伦·怀特大法官。值得注意的是，这将是自1968年以来民主党总统首次有机会提名最高法院法官。克林顿在与其顾问的一次会议上说："最高法院现在四分五裂，完全由共和党派系主导。我们民主党虽然有投票权，但力量很弱。必须找到一个人，有感染力，有说服力，能够打动别人投我们的票。"

总统心中有多位接任最高法院法官的人选，但他觉得，可以利用这个机会，考虑让女性担任

露丝·巴德·金斯伯格改变最高法院的十宗要案

金斯伯格辩护的案件

1973年 弗隆蒂罗诉理查德森案
确保美国女性军人与男性军人享有同等福利。

1975年 温伯格诉维森菲尔德案
确保鳏夫获得与寡妇相同的育儿福利。

1975年 爱德华兹诉希利案
对路易斯安那州一项要求女性选择是否履行陪审团义务的法律提出质疑。

1977年 加州诉戈德法布案
确保鳏夫获得与寡妇相同的遗属福利。

1979年 杜伦诉密苏里案
推翻了一项根据性别免除陪审团服务的法律。

助理法官任职期间的重要判决

1996年 美国诉弗吉尼亚州案
废除公立学校根据性别招生的政策。

1999年 奥姆斯特德诉L.C.案
给予精神疾病患者接受社区护理的权利。

2015年 奥伯格费尔诉霍奇斯案
各州同性婚姻合法化。

2016年 "全体妇女健康"诉黑勒施泰特案
捍卫堕胎权。

2018年 塞申斯诉迪马亚案
保护合法移民免受不当驱逐。

▶ 华盛顿特区的美国最高法院大楼

这一职位，使美国联邦法院多元化。怀特退休时，美国第一位也是唯一一位女性最高法院法官是桑德拉·戴·奥康纳。据报道，是克林顿的司法部长珍妮特·雷诺建议金斯伯格担任这一职务的。金斯伯格在性别平等方面的工作非常具有开创性，加之她"温和派法官"和"共识建设者"的声誉，给总统留下了深刻印象。克林顿在决定任命她之前与她面谈了一次，刚谈了15分钟，就觉得这个职位非她莫属，于是提名金斯伯格做最高法院的大法官。她后来于1993年8月得到参议院的确认。

金斯伯格担任最高法院法官27年，和其他法官就影响所有美国人权利的宪法问题做出了裁决。而且，金斯伯格的意识形态也变得更加自由，特别是在布什总统任命了倾向于保守派的法官之后。她最终成为法院所谓的"自由派"中最资深的成员。

虽然九位最高法院法官的意识形态和观点不

异见大法官

在最高法院，金斯伯格提出异议时总是谨慎而又严厉，尤其是她"从法官席上"表达异议，这是一种罕见的象征性姿态，表明她强烈反对多数派裁决。多年来，这些异议引起公众很大关注，尤其是在2006年至2009年她作为最高法院唯一女法官的时候。

在2013年的"谢尔比县诉霍尔德案"中，金斯伯格提出的异议特别令人难忘。当时，最高法院以5票对4票废除《投票权法案》的部分条款，裁决允许地方政府自行修改投票法，不再需要联邦政府审核。这样一来，联邦政府再也不能有效地保护少数族群和弱势群体的选举权，各州可以很容易地关闭投票站，取消在线选民登记，弱势族群民众更难参与投票。做出裁决的保守派法官认为，美国已经不存在系统性剥夺弱势族群投票权的现象，《投票权法案》的相关条款已经完成历史使命，应当寿终正寝。但研究表明，自裁决实施以来，少数民族社区受到很大影响。因此，金斯伯格提出异议，她指出："选举中的种族歧视依旧存在，现在之所以没有选举歧视，就是因为《投票权法案》在发挥着作用。而此刻废除这个法案，好比因为某个人在大雨中撑着伞没被淋湿，就让他把伞丢掉一样荒谬。"

在谈到不同意见的重要性时，金斯伯格解释说："不同意见代表着未来。这不仅仅意味着'我的同事们错了，所以我会这样做'，最重要的是随着时间的推移，不同意见逐渐会成为法庭的主导意见。因此，这就是持不同意见者的希望。他们撰写异议意见书不是为了现在，而是为了将来。"

金斯伯格在2007年的"莱德贝特诉固特异案"中提出异议，最终使国会在2009年通过了《列得贝塔同工同酬法案》，推翻了法院的判决

最高法院法官

金斯伯格任期内法院的变化

由民主党总统提名 任职年限
由共和党总统提名 任职年限

♦ = 在任期去世

1993年

- 克拉伦斯·托马斯 1991年至今
- 安东尼·肯尼迪 1988年至2018年（退休）
- 戴维·苏特尔 1990年至2009年（退休）
- 露丝·巴德·金斯伯格 1993年至2020年♦
- 桑德拉·戴·奥康纳 1981年至2006年（退休）
- 哈里·布莱克门 1970年至1994年（退休）
- 威廉·伦奎斯特 1986年至2005年♦（首席大法官）1972年至1986年（助理大法官）
- 约翰·保罗·史蒂文斯 1975年至2010年（退休）
- 安东宁·斯卡利亚 1986年至2016年♦

2018年

- 尼尔·戈尔索奇 2017年至今
- 索尼亚·索托马约尔 2009年至今
- 埃琳娜·卡根 2010年至今
- 布雷特·卡瓦诺 2018年至今
- 斯蒂芬·布雷耶 1994年至今
- 克拉伦斯·托马斯 1991年至今
- 约翰·罗伯茨 2005年至今（首席大法官）
- 露丝·巴德·金斯伯格 1993年至2020年♦
- 塞缪尔·阿利托 2006年至今

同,但金斯伯格与他们都结下了很深的情谊:"尽管我们在某些问题上存在尖锐分歧,但我们仍然能很好地共事,而且大多数时候,我们真的很享受彼此的陪伴。"她与同样热爱歌剧的斯卡利亚大法官是挚友,然而斯卡利亚是法官席上最保守的成员之一,因此,在众人眼中,二人可谓"一对奇葩密友"。金斯伯格还非常敬佩大法官奥康纳,奥康纳为她的工作和生活提了很多合理化建议,从最高法院的非正式习俗到安排化疗的最佳时间。

2006年,奥康纳大法官退休了,金斯伯格成为法官席上唯一的女性成员。2009年,索托马约尔大法官被提名,使女法官增加到两位。2010年,卡根成为又一名女法官。金斯伯格在2011年谈到最高法院的性别平衡时指出:"有人问我,'最高法院的女法官要多少位才够多?'我说,'九位'。他们都感到震惊。以前九位法官都是男性的时候,怎么从来没有人提出过这种问题呢?"

众所周知,金斯伯格大法官毅力顽强且爱岗敬业。她在任的27年中,只缺席了几天的法庭听证会。尤其是1999年至2020年,她五次接受癌症治疗,接受心脏手术,摔倒后肋骨骨折,但就是在这种情况下,她也依然坚持工作。所幸,她战胜了结肠癌、胰腺癌和肺癌,但她的丈夫却没有那么幸运。2010年,在他们结婚56周年后不久,马蒂因转移性癌症并发症去世。

金斯伯格晚年,"平等捍卫者"和"异见大

> 1999年,金斯伯格第一次被诊断出患有癌症,从那时起,她就经常与私人教练一起锻炼

▲ 2000年,歌剧爱好者金斯伯格在一次盛大晚宴上与女中音丹尼斯·格雷夫斯聊天

▲ 金斯伯格法官出席奥巴马总统2009年在国会联席会议上的讲话

▲ 尽管存在政治分歧，金斯伯格大法官和斯卡利亚大法官还是成为了好朋友

法官"的声誉使她成为流行文化的偶像。粉丝们称她为"声名狼藉的R.B.G"，因为她在"谢尔比县诉霍尔德案"投票权案中长达37页的强烈异议在网上引起了关注。她在2014年的"伯威尔诉爱好游说"案中发表的异议，甚至被一名粉丝改编成了一首歌。近年来，印有金斯伯格大法官肖像的商品大受欢迎，绘本《我的异议：露丝·巴德·金斯伯格成名记》也吸引了成千上万年轻的读者。当被问及晚年出人意料的名气时，金斯伯格似乎觉得很有趣："我一个快85岁的老太太，也不是什么偶像明星，但大家还都想和我合影。"

2020年，金斯伯格的癌症又复发了。她一边坚持工作，一边接受了几个月的治疗，但最终于2020年9月18日在家中去世，享年87岁。公众悲痛欲绝，哀悼者聚集在最高法院大楼外，告别悼念，参加烛光守夜。金斯伯格成为首位在美国国会大厦接受吊唁的女性，之后她被安葬在阿灵顿国家公墓她丈夫的旁边。

金斯伯格改革立法机构，激励年轻一代，给我们留下了宝贵的精神财富。她在回忆录《我自己的话》中谈道："女性成为法官是社会巨大进步的标志。对今天的年轻人来说，女孩梦想成为法官一点也不奇怪。1956年秋天，我作为女性进入法学院学习。那时，美国女性在法律职业中所占比例不到3%，只有一名女性曾在联邦上诉法院任职。如今，全国大约一半的法律专业学生

▲ 金斯伯格是首位在美国国会大厦接受吊唁的女性

▲ 作为平等权利的捍卫者，金斯伯格大法官成了年轻一代的女权主义者偶像

和超过三分之一的联邦法官是女性，包括美国最高法院法官席上的九名法官中的三名。在我漫长的一生中，我看到了巨大的变化！"

在金斯伯格有生之年，美国在两性平等方面取得了重大进展，这在很大程度上要归功于她的不懈努力。2015年金斯伯格接受采访时，对自己做了一个总结："工作尽职尽责，倾尽所有，竭尽所能，为人们减少伤痛，让世界变得更美好。"她的决心和奉献改变了许多美国人的生活。

> 金斯伯格大法官当天出庭发表异议时，特意身着法庭长袍，还有她那标志性的蕾丝荷叶边衣领，人称"异议"衣领。

大事年表

1933年
露丝于3月15日在纽约市布鲁克林的贝思摩西医院出生。父亲是内森·巴德，母亲是西莉亚·巴德。

1950年
就读于康奈尔大学。1954年，她以优异的成绩毕业，并与马蒂·金斯伯格结婚。

1956年
在哈佛大学法学院，500名学生中只有九名女生。1958年，她转到哥伦比亚大学。

1959年
毕业于哥伦比亚大学法学院。她很难在律师事务所找到工作，最后只得到了一份文书工作。

1963年
成为罗格斯大学的法学教授，但薪水低于她的男同事。她参加了一场女性员工同工同酬运动，该运动最终取得胜利。

1973年
在"弗朗蒂罗诉理查德森案"中，她在最高法院进行了第一次口头辩论。这是她在最高法院审理的六个案件中的第一个。

关于金斯伯格的五件事

▲ 费利西蒂·琼斯在2018年的电影《性别为本》中饰演金斯伯格

1 "她的故事创造了历史"
2018年的电影《性别为本》讲述了金斯伯格在"莫里茨诉专员案"中取得里程碑式胜利的故事。金斯伯格本人在电影中客串出场。

2 出现在歌剧中
金斯伯格在《弗莱德默斯》和《阿里阿德涅·奥夫·纳克索斯》中扮演了一些小角色,甚至为《军团之女》配音(台词专门为她改写)。

3 启发了一个人
德瑞克·王创作了喜剧歌剧《斯卡利亚诉金斯伯格案》,讲述了金斯伯格与法官安东宁·斯卡利亚之间的友情。两人尽管观点相悖,却是密友。

4 差点成为超级英雄
在2018年的《死侍2》中,那位有名无实的英雄正在考虑为他的X特攻队(X-Force)招募新成员。金斯伯格法官也在申请者之列。

5 个人网站
2013年,纽约大学学生莎娜·克尼兹尼克建立了著名的金斯伯格个人网站来庆祝其成就。

1980年
被吉米·卡特总统提名为美国哥伦比亚特区巡回上诉法院法官,任期13年。

1993年
由比尔·克林顿总统提名为最高法院助理法官。在美国最高法院任职27年。

2002年
入选国家妇女名人堂,该名人堂用于纪念美国伟大女性的成就。

2013年
她在"谢尔比县诉霍尔德案"中发表异议,并迅速传播开来,为她赢得了"声名狼藉的R.B.G."的绰号。她的成就激励了年轻一代,晚年的她成为流行文化偶像。

2019年
获得了伯格鲁恩哲学和文化奖,并将100万美元奖金全部捐给了非营利机构和慈善组织。

2020年
金斯伯格于9月18日因胰腺癌并发症去世,享年87岁。她是首位在美国国会大厦接受吊唁的女性。

政界的著名女性

从地下革命者到政府领导人,她们都是政坛精英

约瑟芬·巴克
法国人,1906—1975

约瑟芬·巴克是一位著名的艺人和民权活动家。"二战"期间,她作为"自由法国运动"的线人过着隐秘的生活。她在聚会上结识不同的人,并诱惑他们,从而得到情报。她利用巡回演出作为掩护,用隐形墨水把情报写在乐谱上,在整个欧洲大陆传递情报。战后,巴克成为民权运动的发言人,她从不在种族隔离场所演出,并与马丁·路德·金一起发表演讲。她这一生在军事领域获得了无数荣誉,去世后安葬于法国。

果尔达·梅厄
以色列人,1898—1978

1969年至1974年,果尔达·梅厄任以色列总理,是迄今为止以色列唯一一位担任这一职务的女性。尽管梅厄的总理生涯并不成功,但她的政治生涯却光彩夺目。她是一名坚定的犹太复国主义者,在政府中担任过多个职位,包括劳工部长和外交部长,并在建立犹太国的过程中发挥了关键作用。她热爱祖国,信仰坚定,尽管有人不认同她的政治理念,但总体而言,她深受国民爱戴。

伊雷娜·森德勒
波兰人,1910—2008

森德勒在社会福利部供职,因而能进入华沙贫民区。她偷运药品和其他必需品,偷偷转移婴儿、儿童和成年人,在纳粹的眼皮底下把他们带到安全的地方。1943年,森德勒被盖世太保审问,她拒不招供。一名同事贿赂了警卫,使森德勒免于死刑。她在以色列和波兰备受尊敬,但在西方几乎无人知晓。如今,她因人道主义而获得认可,并两次获得诺贝尔和平奖提名。

英迪拉·甘地
印度人，1917—1984

英迪拉·甘地是迄今为止唯一一位担任印度总理的女性，她在 1966 年至 1977 年以及 1980 年任职，直到去世。她领导印度在与巴基斯坦的战争中取得了胜利。这场战争使印度国内处于紧急状态，她被迫下野。1980 年，甘地重新掌权，得到民众广泛支持。这次她的执政时间很短。1984 年，就在印度将第一名宇航员送入太空几个月后，她被暗杀。

玛格丽特·撒切尔
英国人，1925—2013

玛格丽特·撒切尔是保守党的首位女性领导人，英国首位女性首相，也是 20 世纪任职时间最长的首相，任期从 1979 年到 1990 年。撒切尔上台时承诺结束"不满的冬天"，并在处理福克兰群岛战争后赢得广泛公众支持。然而，由于不断上升的失业率、日益严重的贫困及一系列极不受欢迎的政策，她在 1990 年被迫辞职。

马德琳·奥尔布赖特
美国人，1937—2022

1997 年，马德琳·奥尔布赖特被任命为美国国务卿，成为首位担任国务卿的女性，及美国历史上行政级别最高的女性。在此之前，她曾担任美国驻联合国大使。她年近 40 才进入政府供职，只用了 20 多年就取得了这样非凡的成就。她曾是几项和平倡议的成员、国际战略咨询公司奥尔布赖特石桥集团的主席。

希拉里·克林顿
美国人，1947 年至今

1993 年至 2001 年，希拉里·罗德姆·克林顿是美国的第一夫人。在此期间，她利用自己的平台，支持医疗保健、妇女权利和儿童问题。丈夫克林顿面临不忠指控时，希拉里挺身而出站在丈夫一边，挽救了克林顿的总统竞选。2000 年，她当选为纽约州首位女参议员，随后在 2009 年至 2013 年担任国务卿。2016 年，希拉里成为美国历史上首位由主要政党提名的女性总统候选人。虽然她在选举中失利，但她为其他女性树立了榜样。"我知道我们还没有打破最高最硬的玻璃天花板，"她在 2016 年的退选演讲中说，"但总有一天会有人打破它，成为女总统……"

贝娜齐尔·布托
巴基斯坦人，1953—2007

1988 年至 1990 年和 1993 年至 1996 年，布托两度担任巴基斯坦总理。她年轻有为，父亲被推翻并处决后，她曾流亡海外。因此，她的上任格外引人注目。布托重视发展教育和医疗保健，并致力于建立民主制度。她是一个虔诚的穆斯林，但她的职业令原教旨主义者愤怒。尽管布托遭遇自杀式爆炸袭击身亡，举国震惊，但她的后继者勇敢无畏，仍沿着她的道路继续前行。

马拉拉·尤萨夫扎伊
巴基斯坦人，1997 年至今

马拉拉·尤萨夫扎伊是土生土长的巴基斯坦人，著名演说家，倡导女孩同样有接受教育的权利。在她的家乡斯瓦特山谷，塔利班禁止女孩上学。2012 年，她在巴基斯坦参加考试后乘公共汽车回家，一名塔利班枪手朝她头部开枪。她被紧急送往医院，随后被转移到英国伯明翰接受专科治疗。后来，尤萨夫扎伊成为国际妇女权利和反压迫斗争的发言人，并因此获得诺贝尔和平奖。

图片所属

11	© Getty; Illustration by Kym Winters; WIKI
17	© Alamy
21	© Getty; Illustration by Kym Winters; WIKI
29	© Diego Riviera and Frida Kahlo archives, Nickolas Muray Photo Archives, Alamy, Getty Images
33	© Getty; Illustration by Kym Winters; WIKI
36	© Getty; Illustration by Kym Winters; WIKI
41	© Getty; Illustration by Kym Winters; WIKI
48	© WIKI/Kevin Walsh; Thinkstock; Illustration by Kym Winters
55	© Alamy, Getty Images
65	© Alamy, Creative Commons; Former BBC, Wellcome Images; Getty; Illustration by Kym Winters
73	© Getty Images, Creative Commons; Harcoourt, Rémih
79	© Getty; Illustration by Kym Winters; PD-USGOV; SPL; Alamy
83	© Getty; Illustration by Kym Winters
93	© Alamy, Getty Images, 20th Century Fox, Thinkstock, NASA
111	© Alamy
125	© Alamy, Joe Cummings, Corbis
175	© Getty; Illustration by Kym Winters; WIKI
179	© Getty; Illustration by Kym Winters; WIKI
185	© Alamy
195	© Getty
201	© Alamy, Getty, LBJ Foundation, Library of Congress
203	© Getty Images
206	© Getty Images, Jimmy Carter Library
210	© Getty Images
212	© Getty Images
214	© Getty Images
217	© Alamy